patch*

W0355925

POUR ÊTRE UNE BOMBE

Stéphanie Lachenaud

SOMMAIRE

AVOIR LA BOMBE'S ATTITUDE 11
SE METTRE EN VALEUR... 57
ASSURER SUR TOUTE LA LIGNE ! 117
LOVE & SÉDUCTION... 179
SEEEEEEEX... 225

Depuis l'école primaire, on a bien remarqué qu'il y a des filles à qui tout réussit : c'est elles qui ont les amoureux les plus beaux, les meilleures notes en classe, le plus de copines à la récré ; la maîtresse les adore, et nous, on voudrait juste faire amie-amie, histoire de récupérer un peu de cette aura... Ça ne s'arrange pas par la suite et il y a toujours dans les parages une nana qui se paie le culot d'être brillante, sympa et sexy. Souvent, elle pousse le vice jusqu'à avoir des cheveux brillants, de l'humour, un dressing sur mesure et un cœur en or. On est d'accord : il y a vraiment de quoi être énervées (et vertes de jalousie). Après avoir passé des années à admirer ce qu'il convient d'appeler des bombes (et finalement renoncé à les éliminer), il s'agirait peut-être de comprendre ce qui les rend si formidables, quels sont les détails qui font qu'on se retourne sur leur passage et qui donnent lieu à un déversement de compliments continu. La bonne nouvelle de cette enquête, c'est qu'on peut se transformer en bombe à tout moment !

Loin des clichés nous représentant une bimbo aux gros seins et au popotin bien rebondi, habillée mini-mini et maquillée maxi-maxi, la bombe apparaît plutôt comme une fille sûre d'elle mais pas arrogante, blindée de charisme et qui sait se mettre en valeur.

Être une bombe, c'est avant tout une attitude, un état d'esprit, une façon de prendre la vie par son meilleur côté. C'est aussi être en accord avec soi-même et affirmer sa personnalité. Bien sûr, on ne peut pas dire que le physique ne compte pas, mais pour monter en flèche sur l'échelle bombesque, plutôt qu'une plastique parfaite ou un minois de baby-doll, il faut simplement savoir ce qui vous va et ce qui vous rend encore plus belle. Et aussi, admettons-le, suivre quelques beauty rules essentielles (pas de poils, pas d'haleine de chacal, bref rien qui ne vous fasse ressembler de près ou de loin à un ours...).

Être une bombe, c'est aussi s'attacher à certains détails et se façonner une vie agréable... Ça passe par un appart cosy, des relations saines avec son entourage, des projets enthousiasmants, des moments à soi...

Bien entendu, il faut savoir s'y prendre dans les love affairs : phase de séduction, flirt, vie à deux, officialisation, quotidien... Mais en y regardant de plus près, c'est pas si compliqué !

Enfin, bien sûr, être une bombe, c'est aussi assurer au lit ! Pas besoin de connaître le Kama-sutra sur le bout des doigts (et heureusement), mais il s'agit plutôt de réveiller son corps et de laisser libre cours à ses envies...

Tout ça pour dire que la bombe, c'est vous, c'est moi, c'est n'importe quelle fille qui s'en donne les moyens, et pas seulement Angelina Jolie et ses copines. Alors foncez !

Tu es une bombe...
tu es une bombe...

AVOIR LA BOMBE'S ATTITUDE ***

Être une bombe, c'est avant tout un comportement, une façon d'être, une allure, ce qu'on appelle joliment « un petit je-ne-sais-quoi »... Toutes les filles ont du charme (souvent à en revendre, mais elles n'en ont pas toujours conscience) et donc un potentiel bombesque non négligeable. Le but du jeu : l'exploiter au max' ! Les règles du jeu sont souvent très faciles (et c'est ça qui est bon !).

ELLE ASSUME CE QU'ELLE EST

Qu'elle soit femme-enfant ou une vraie pin-up, une bombe est à l'aise avec son image. Elle ne joue pas à être quelqu'un d'autre, ne se dissimule pas derrière un personnage. Elle est elle-même, avec ses points forts et ses faiblesses. Elle ne se la raconte pas mais est bien dans ses baskets, ses ballerines ou ses Jimmy Choo. Ça dénote une belle confiance en soi (juste ce qu'il faut : être pilote de sa vie mais en aucun cas arrogante), une certaine maturité (non, je ne plairais pas à tout le monde, mais ce n'est pas grave) et de l'honnêteté. Ça peut paraître compliqué, mais c'est surtout très confortable de se montrer telle que l'on est. Plus besoin de faire croire qu'on est fan de Michel Houellebecq alors qu'on ne comprend rien à ses bouquins, on peut avouer regarder « Plus belle la vie » sans passer pour une neuneu, revendiquer ses vacances 100 % farniente et 0 % culture à Punta Cana sans être considérée comme une idiote, ne plus porter de strings alors qu'on les déteste, sécher la salle de sport qu'on assimile à une torture, s'autoriser le jean-baskets sans être plouc, admettre qu'on ne sait pas qui est Isabel Marant et reconnaître qu'on craque pour Philippe, 1,70 m à tout casser, un look de bûcheron mais tellement drôle et attentionné...

S'assumer, c'est ne plus avoir peur de ne pas être politiquement correcte, ne plus craindre le regard et le jugement des autres. C'est tout juste un énorme pas... C'est se libérer.

TRAVAILLER VOTRE POSTURE

Ça fait partie du B.A.-BA, une bombe n'est pas avachie, ne traîne pas les pieds quand elle marche, n'a pas la tête baissée et ne porte pas la misère du monde sur son dos ! Non, une bombe se tient droite, épaules ouvertes, poitrine dégagée et tête relevée ! Essayez juste pour voir, vous constaterez vite qu'un port de reine, ça change la vie (et la vision que les autres ont de vous !).

Foncez sur les gyms douces ! Pour améliorer sa posture sur du long terme, c'est top : Pilates, stretching, yoga, aquagym et danse.

* EXOS POUR SE TENIR DROITE

1. Debout, pieds écartés à largeur de hanches, inspirez profondément en gonflant la cage thoracique et en levant les bras, puis expirez en rentrant au maximum le ventre tout en restant droite et en vous grandissant comme si l'on vous tirait par le dessus du crâne. À faire dix fois de suite.

2. Debout, jambes écartées à largeur de hanches, genoux légèrement fléchis, un petit haltère dans chaque main (ou une bouteille d'eau), que vous maintenez au-dessus de votre tête. Vos bras doivent être en forme de U, bras et avant-bras formant un angle droit. Abaissez doucement les haltères jusqu'à la nuque en gardant le dos bien droit. Maintenez la position cinq secondes, puis revenez à la posture de départ.

* SOURIEZ !

Prenez deux photos de vous : l'une où vous vous tenez comme d'hab' et l'autre lorsque vous faites un effort pour vous tenir droite. Collez-les ici l'une à côté de l'autre. Alors, laquelle vous préférez ???

Bâh quoi ?
Taylor Momsen
l'a bien fait -
bas résille
+ porte-jarretelle
+ plateforme
en plexi

É-LÉ-GAN-TE

Certains petits trucs, si vous les appliquez, vont tout changer de la perception que l'on va avoir de vous.

* ÊTRE POLIE

Ça, c'est facile, normalement les parents nous l'ont appris dès l'enfance. On oublie parfois quelques rudiments, mais sans en faire trop, un « bonjour madame machin » est toujours plus classe qu'un bonjour impersonnel. Un « bonne soirée » à la boulangère, l'inspecteur des impôts ou à l'hôtesse d'accueil du boulot, ça fait toujours plaisir aussi. Bref, connaître quelques règles de politesse essentielles et les appliquer avec naturel et discrétion, c'est ultra-chic.

* ÊTRE SYMPA

Évidemment qu'on l'est ! S'il vous arrive d'aider une maman à porter sa poussette pour descendre les escaliers du métro, de changer votre week-end de garde sans râler pour que votre collègue puisse aller au mariage de son frère ou d'inviter une copine déprimée au hammam, on vous croit sur parole. Agir de façon désintéressée, mon Dieu, que c'est remarquable !

* ÊTRE SOURIANTE

Euh oui, sauf peut-être le matin, mal réveillée ou dès que je suis énervée... Ce qu'il y a de canon avec le sourire, c'est qu'il ouvre toutes les portes et qu'il a un effet miroir : souriez et on vous sourira en retour. OK, on n'est pas dans le monde des bisounours et tout le monde il est pas beau et gentil, mais la vie est tout de suite plus sympa en maxi-smile !

✳ PAR CONTRE, ÇA, C'EST ANTI-CLASSE :

Hurler quand on parle, jeter son manteau sur la fille du vestiaire au lieu de le lui tendre, critiquer tout le monde, mâcher du chewing-gum, divulguer des informations personnelles à des gens qu'on ne connaît pas, bâiller la bouche ouverte, faire la gueule, ne pas dire bonjour quand on arrive quelque part, ne pas écouter quelqu'un qui parle, couper la parole...

TÉMOIGNAGES FILLES ET MECS : **C'EST QUOI UNE BOMBE ?**

* « C'est une fille qui a tout pour elle ! Jolie, voire très jolie, grande, bien foutue mais aussi intelligente, bien éduquée, avec de la classe, surtout pas prétentieuse mais en règle générale intouchable. »
Katia

* « Elle a un corps généreux, des habits qui ne le cachent pas et surtout il y a un consensus sur le fait qu'elle soit attractive, sinon elle serait juste "mignonne". Pour moi, une bombe a aussi un air coquin et intelligent. Par contre, si elle ne plaît qu'aux hommes, c'est une bombasse, et ça c'est moins bien ! »
Izoumi

* « C'est une très jolie fille, c'est sûr, mais elle dégage un truc que les autres n'ont pas. Il faut être honnête, ça n'a rien à voir avec l'intellect, c'est à son attitude qu'on la reconnaît. Elle a cette assurance, ce charme et cette classe qui sont donnés à peu d'élus. »
Tiffany

* « Elle est canon, sympa et pas bête. Mais surtout, elle a ce petit truc en plus qui force l'admiration. »
Élise

* « C'est une fille énervante, car elle est canon à tous les niveaux ! »
Gaëlle

* « Une bombe, elle en jette ! Que ce soit par son esprit, son humour ou sa plastique, elle scotche tout le monde mais n'en joue pas. »
Hélène

* « Elle sait ce qu'elle veut, et où elle va, pour moi une bombe c'est une fille qui a sacrément confiance en elle. »
Marine

* « Elle dégage un truc chimique qui va attirer les mecs comme des abeilles autour du miel. »
Noémie

* « C'est un peu la fille parfaite : une belle personnalité, du charme et un physique ravissant. »
Robin

* « C'est pas forcément la plus belle, mais elle dégage un truc qui la rend irrésistible. »
Luc

* « Honnêtement pour moi c'est une fille sensuelle… Elle exerce une forte attractivité. »
Hugo

* « C'est une fille tape-à-l'œil qui alimente tous les fantasmes, mais la perception d'une bombe est propre à chaque individu. »
Fabrice

* « Selon moi une bombe sait allier la grâce, l'élégance et la beauté sans se poser de questions. Autant dire qu'il n'y en a pas beaucoup, car elles veulent souvent tourner à la femme fatale, qui par son intellect fait fuir autant qu'elle attire… Sinon, ma bombe à moi, c'est ma femme ! »
Cyril

* « Par définition, elle est explosive ! Tu sais qu'avec elle tu ne vas pas t'ennuyer, que ce soit au lit, à la maison ou entre amis. »
Pedro

* « La bombe des bombes pour moi, c'est une nana classe, drôle et futée ! Pas obligé qu'elle soit canon, par contre elle dégage un truc irrésistible. »
Bertrand

* « Elle a du sex-appeal, beaucoup… Tu ne peux pas lui résister. »
Chris

* « Sans mentir et sans rougir, c'est une fille avec qui tu sais que tu vas t'éclater sexuellement. Si le lendemain, tu te rends compte qu'en plus, elle est intéressante et sympa, t'as gagné le gros lot ! »
David

Et pour moi, une bombe, c'est :

....

....

....

....

....

Le truc rédhibitoire pour être une bombe selon moi, c'est :

....

....

....

....

....

MYSTÈRE,
VOUS AVEZ DIT MYSTÈRE…

Ne pas raconter sa vie à tout le monde, en long, en large et en travers… L'idée, c'est de conserver une part de secret pour susciter l'intérêt des gens. Si vous racontez l'âge de votre première carie, de votre premier bisou sur la bouche avec le petit voisin de palier, et ainsi de suite, on risque d'être surpris par ce grand déballage, voire un peu gêné par cette impudeur. Les gens qui essuient vos confidences peuvent en être saoulés et se demander si vous avez des choses vraiment intéressantes à raconter… Ça peut aussi être interprété comme de l'égocentrisme : en général quand on parle beaucoup de soi, ça va de pair avec peu d'écoute pour les autres. Et enfin, ce déversement peut apparaître comme l'expression d'un malaise. Bref, le mieux, c'est quand même de rester discrète dans un premier temps, surtout dans certains contextes comme le monde professionnel où il n'est jamais très payant de se mettre à nu. Attention cependant de ne pas tomber dans le piège inverse, vous pourriez passer pour une grosse bêcheuse… Distillez vos infos au fur et à mesure et dans les bonnes oreilles !

JEU : ÇA, VOUS RACONTEZ OU PAS (À DES GENS QUE VOUS CONNAISSEZ PAS TROP) ?

L'année et les conditions de votre dépucelage.
○ OUI ○ NON ○ ÇA DÉPEND

Votre passion pour les films Bollywood.
○ OUI ○ NON ○ ÇA DÉPEND

Comment Kiki, le petit chien que vous aviez petite, avait volé un saucisson dans le panier de mamie.
○ OUI ○ NON ○ ÇA DÉPEND

Vous habitez en centre-ville dans un deux pièces avec terrasse.
○ OUI ○ NON ○ ÇA DÉPEND

Votre ex vous a larguée pour une gamine, et aussi parce que vous ne vouliez pas de plan à trois.
○ OUI ○ NON ○ ÇA DÉPEND

Votre rêve à vous, c'est l'ascension du Kilimandjaro.
○ OUI ○ NON ○ ÇA DÉPEND

La cuite de votre vie au Malibu ananas en vacances à Juan-les-Pins.
○ OUI ○ NON ○ ÇA DÉPEND

Le montant de votre salaire.
○ OUI ○ NON ○ ÇA DÉPEND

Vos origines italiennes par votre mère.
○ OUI ○ NON ○ ÇA DÉPEND

Vous vous engueulez régulièrement avec la voisine du dessous, car les effluves de sa soupe aux choux vous sont insupportables.
○ OUI ○ NON ○ ÇA DÉPEND

Votre cousine Iris s'est mariée dans un château bordelais, c'était ravissant.
○ OUI ○ NON ○ ÇA DÉPEND

Comment vous cuisinez votre bœuf bourguignon.
○ OUI ○ NON ○ ÇA DÉPEND

THINK POSITIF

La fille qui passe sa vie à geindre, non merci ! Niveau attraction, c'est zéro. Alors que celle qui positive, qui voit le verre à moitié plein plutôt qu'à moitié vide, c'est franchement sympa ! Il y a toujours une bonne raison d'être heureux, et s'accrocher à cette raison quand tout va mal, c'est le meilleur moyen de traverser la tourmente. Avoir une attitude positive, c'est aussi savoir se faire plaisir et être sa propre meilleure amie quand c'est nécessaire pour renverser la tendance.

* JE ME SUIS PRIS LA TÊTE AVEC MON BOSS TOUTE LA JOURNÉE.

Le bad : je rumine, je dissèque toutes les phrases prononcées par ce fou furieux qui me sert de patron et je plante consciencieusement et profondément des aiguilles dans une poupée vaudou.

Positive attitude : ce soir je me commande des sushis ou une pizza, je m'achète des macarons, bref je me fais plaisir (et j'oublie pour un soir mon régime si j'en ai un, car on ne peut pas lutter sur tous les fronts en même temps). L'idée ici, c'est de « sauver » sa journée et de la terminer par une note positive afin de se coucher dans un bon état d'esprit et de redémarrer le lendemain du bon pied.

C'est bien aussi : aller au ciné, dîner avec une copine, s'offrir une petite bricole…

* J'AI ATTENDU LE WEEK-END TOUTE LA SEMAINE : IL EST ENFIN LÀ MAIS IL PLEUT ET IL FAIT FROID.

Le bad : je traîne en pyjama sans être lavée et mange du riz nature midi et soir, car il ne reste plus que ça dans le placard.

Positive attitude : je commence par me préparer un sérieux petit déj' avec du thé chaud, imparable pour se réchauffer. Enveloppée dans un pull tout doux, je flâne sur mon sofa en ayant des lectures distrayantes. Puis je me décide à faire couler un bain chaud, je ne lésine pas sur la mousse. Ensuite, lovée dans mon plaid, j'attrape la télécommande et je me fais un marathon de mes séries préférées (sans oublier une petite sieste entre deux épisodes). Le concept ici, c'est de s'occuper de soi, et d'en profiter pour se reposer et ne pas être à mille à l'heure pour une fois.

C'est bien aussi : je brave le froid pour aller au marché et préparer une soupe maison, me rendre au hammam pour faire grimper la température, décréter une journée couette avec mon fiancé...

✳ J'AI UN GROS CHAGRIN.

Le bad : je rester sur mon lit et ne bouge plus en attendant qu'il se passe quelque chose (la fin du monde ? que les poules aient des dents ?).

Positive attitude : je ne pas retiens pas mes larmes, et je pleure un bon coup jusqu'à ce que mes yeux soient vides. Puis j'appele au secours. Une mère, une copine, un cousin, peu importe, il me faut quelqu'un de confiance avec qui je me sens bien, à qui je peux tout dire et qui saura s'occuper de moi. Je lui exprime mon malheur et mon besoin d'être chouchoutée. L'important ici, c'est de vider son sac et de se laisser cajoler, car se rendre compte qu'on a quelqu'un sur qui compter, c'est un excellent début...

C'est bien aussi : partir en vacances, s'offrir une GROSSE bricole...

10 GIRLS NEXT DOOR QUI EN JETTENT

Elles ont un physique parfois un peu banal mais un charme fou qui fait d'elles des bombes. D'autres sont des icônes de mode et transcendent l'air de rien les looks les plus basiques. Elles ont en commun un certain cachet et une modernité affichée, quelle que soit leur époque.

Charlotte Gainsbourg

···› En plus de ses Césars et prix d'interprétation, elle a été aussi sacrée par Vanity Fair femme la mieux habillée du monde.

Chloé Sevigny

···› L'actrice américaine n'a pas attendu son Golden Globe pour s'imposer facilement parmi les it-girls.

Sofia Coppola

···› Cette réalisatrice de talent possède aussi un sens aigu de la mode : une icône chic et cool.

Zoe Cassavetes

···› Après s'être fait un nom au cinéma, elle vient de réaliser un film publicitaire canon pour Louis Vuitton.

Katie Holmes

···⁘ Cette jolie jeune femme made in America fait toujours autant parler d'elle.

Sophie Marceau

···⁘ L'actrice préférée des Français, la quarantaine bien entamée, crève encore et toujours l'écran.

Marina Foïs

···⁘ Après avoir joué la rigolote pleine de vie, elle s'essaie maintenant à des rôles plus sensuels.

Sarah Jessica Parker

···⁘ Carrie Bradshaw, c'est une fille comme elle : pleine de peps, avec un look couture.

Alexa Chung

···⁘ La pétillante animatrice télé en impose par son humour et son look « preppy ».

Rihanna

···⁘ La show-woman dégage une énergie débordante sur scène, qui scotche ses fans !

Et dans mon entourage dans ce genre-là...

....

....

MARREZ-VOUS !

Quoi de plus sexy qu'une fille qui rit de bon cœur la tête en arrière ? Il émane d'elle la légèreté, la joie de vivre, la gaieté... Pour faciliter les rencontres et s'intégrer à un groupe, il n'y a pas mieux ! Le rire est un vrai lien social, car il est communicatif et aide à se libérer. Si vous avez aussi de l'humour et êtes capable d'autodérision, c'est tout bon ! Bah oui finalement, ce talon piégé dans la grille d'aération, c'est plus drôle qu'apocalyptique ! Si votre registre est plutôt l'humour noir un brin cynique, faites juste attention de le manier avec précaution pour éviter l'effet boomerang et ne choquer personne. Vous connaissez l'adage de Pierre Desproges : On peut rire de tout mais pas avec tout le monde... Sachez aussi que vous marquerez davantage les esprits en rigolant : la fille qui se marre, tout le monde s'en souvient (et en bien).

Enfin rire, c'est aussi décontracter ses muscles, un antistress naturel très efficace, mais aussi selon plusieurs études : un antidouleur (grâce aux hormones libérées quand on rit), un dopant pour le système immunitaire, et un moyen de prévenir les maladies cardiovasculaires. Qui dit mieux ?

SOYEZ **ZEN...**

La fille qui se roule par terre, en pleurant toutes les larmes de son corps et en tapant contre les murs : -5 en sexytude, +10 en hystérie... Celle qui va savoir garder son sang-froid, maîtriser la situation et dire fermement ce qu'elle a à dire : bingo ! Ce qu'on essaie ici de vous dire : il ne s'agit pas de renoncer à ses émotions (loin de là...) mais d'apprendre (un minimum) à les gérer.

* 10 PISTES POUR CONTRÔLER SES ÉMOTIONS :

1. ANALYSER

Si on veut gérer, il faut d'abord comprendre... Vous devez vous interroger pour saisir pourquoi telle situation ou telle personne provoque cette réaction chez vous. L'idée, c'est de mettre vos sentiments à plat et de réfléchir à vos réactions. Pourquoi j'ai envie de taper Margaux, ma collègue de bureau, dès qu'elle ouvre la bouche ? Pourquoi je suis toute chamboulée dès que je vois une foule ?

2. PARLER

Une fois que vous avez identifié vos émotions, le mieux c'est de les exprimer. Le fait de mettre des mots sur ce que vous ressentez va vous libérer et vous apaiser, bref vous faire du bien ! Parler de votre colère vous permettra d'ôter le poids que vous aviez sur le cœur (ou au moins une partie !). Heureusement, il n'y a pas que du bad et il ne faut pas hésiter non plus à évoquer ses grandes joies !

3. RE-LA-TI-VI-SER

C'est important de prendre du recul pour ne pas se laisser déborder, ni gaspiller son énergie pour rien... Est-ce la peine de piquer une colère de bon matin parce qu'on vient de me doubler dans une file d'attente ? Est-ce que je me sentirais vraiment mieux après ?

4. REPRENDRE LE CONTRÔLE

Parfois, sous le coup des émotions, nous viennent de drôles d'idées (égorger son boss qui nous fait une réflexion sur notre quatrième retard de la semaine, écouter des chansons tristes alors qu'on vient de se faire larguer...). Avant de passer à l'acte : réfléchissez trente secondes aux conséquences... En général, ça suffit pour ne pas entrer en mode « action » suivi de près du mode « catastrophe » !

5. ASSUMER

Être sensible, ce n'est pas un défaut ! C'est la preuve de votre sincérité, de la profondeur de votre âme, de votre humanité... Vous êtes comme ça, vous pouvez vous retenir parfois mais pas tout le temps, et c'est mille fois mieux que d'être un robot !

6. ANNONCER LA COULEUR

Après tout, si vous êtes très émotive, le mieux c'est aussi de prévenir les gens ! Mettez les warnings, ça permet de dédramatiser ! Ils seront moins surpris de vos réactions et, avec un peu de chance, plus compréhensifs... Dit avec une pointe d'humour, ça passe encore mieux ! Avant un ciné : « Si John dit à Barbara que leur amour est impossible, je risque de m'effondrer... »

7. VALORISER

Une grande sensibilité, c'est le point commun de tous les artistes du monde et de tous les temps... C'est plutôt noble ! C'est votre richesse intérieure qui va vous permettre d'apprécier une peinture, d'être renversée par un morceau de musique, retournée par un film... Et si vous voulez vous lancer vers un atelier créatif, par exemple du théâtre, autant vous dire que grâce à votre palette d'émotions, vous partez gagnante !

8. ON N'EN FAIT PAS TROP

Le côté fille fragile, c'est mignon et attendrissant, tout comme le côté grande gueule peut être impressionnant, mais si vous ne modulez jamais votre caractère, vous risquez de passer pour une nunuche ou une hystérique... Rappelez-vous que plus on laisse ses émotions s'exprimer, plus elles se renforcent... Autrement dit, plus vous vous énervez, plus vous vous énervez... D'où la nécessité de contrôler un peu...

9. BOUGER

Quand on a tendance à démarrer au quart de tour, pratiquer une activité sportive peut être une super aide. Les arts martiaux sont excellents pour accroître sa connaissance intérieure et exigent une certaine maîtrise de soi-même. Le yoga ou la sophrologie sont une autre piste intéressante : on cherche l'harmonie entre le corps et l'esprit. Enfin pour celles qui ont besoin de se défouler : course, squash, vélo, boxe et compagnie feront parfaitement l'affaire !

10. RÉCAPITULER

On peut résumer la double nécessité d'écouter et de contrôler ses émotions par une comparaison. Lorsqu'un navigateur est en mer, il sait qu'il doit tenir compte des courants marins mais que s'il se laisse complètement emporter par eux, il va dériver et perdre le cap ; or il doit rester maître de son bateau… Nous, c'est pareil, on doit prendre en compte nos émotions mais agir avec intelligence et ne pas nous laisser déborder par elles. OK, c'est plus facile à dire qu'à faire…

COUP DE PROJECTEUR
SUR LA SOPHROLOGIE

La sophrologie pour garder son calme en situation critique, il n'y a pas mieux ! Laurence Gaudin, sophrologue, nous le confirme : « Bien respirer, c'est retrouver le calme, réoxygéner l'organisme, réguler le rythme cardiaque, ça permet d'être plus zen et aussi plus attentif. Une bonne respiration est abdominale, lente et profonde. Lorsqu'on inspire, le ventre doit se gonfler, il se dégonfle à l'expiration ». OK, a priori c'est fastoche, mais il s'agit quand même d'y penser, ne serait-ce que deux ou trois fois par jour...

En cas de panique (méga coup de bourre au boulot, engueulade avec son homme qui ne daigne plus répondre au téléphone depuis la perte de sa CB la veille des soldes), voici un petit exercice imparable pour retrouver le calme.

« Quand on stresse, on a une respiration thoracique et on ventile rapidement. Pour s'apaiser, on s'imagine qu'on inspire avec une paille, on inspire le plus longtemps possible pour remplir ses poumons, puis on expire doucement et complètement pour les vider. Il suffit de renouveler l'opération quatre ou cinq fois pour retrouver sa sérénité et pouvoir réagir de façon objective et opérationnelle à la situation qui nous fait face. »
Et puisqu'on respire toute la journée, testez ce petit truc pour vous faire plaisir au moins une fois par jour : « Lorsque vous inspirez profondément, associez cette phase à un bon souvenir ou une image plaisante (les vacances, votre amoureux, une glace aux spéculoos, le rire de votre neveu...). En soufflant, vous diffuserez cette sensation de plaisir et vous reprovoquerez ce sentiment positif. »

UNE BOMBE EST LE CONTRAIRE D'UNE CRUCHE

Une fille open qui a de l'esprit, de la culture, et s'intéresse à plein de choses, c'est diablement séduisant. On ne vous parle pas d'avoir fait l'ENA, ni d'avoir lu l'intégralité des travaux de Nietzsche, ni de posséder un doctorat en physique nucléaire (mais chapeau si vous en avez un !). Il s'agit plutôt de s'intéresser à l'actu, lire le journal, se rendre au ciné, voir une expo de temps en temps, assister à un concert, une pièce de théâtre... Ça permet de suivre une conversation et de la relancer, mais c'est surtout une belle richesse à partager. Le piège, c'est bien sûr la fille qui en fait trop et déroule méticuleusement tout ce qu'elle sait, comme à une interro de CM2. Gardez aussi en tête qu'on ne peut pas tout savoir sur tout (ni s'y intéresser) et qu'il n'y a pas de sous-culture. Vous êtes balaise en danse contemporaine mais n'y connaissez rien en littérature russe du XIXe siècle ? Chacun a ses champs d'intérêt et de connaissance, et c'est ce qui fait que le savoir est plus immense que les océans. Ne vous sentez jamais idiote de ne pas connaître le nom d'un photographe, d'un plasticien ou d'un écrivain censé être super connu. Il y a forcément un domaine où vous êtes imbattable, et que ce soit les mangas, le parfum, la cuisine, le slam ou le sport, ça fait partie intégrante de votre valeur et vous pouvez en être fière.

* AVEC INTERNET, L'IPHONE ET LE BLACKBERRY, L'INFO C'EST QUAND JE VEUX, OÙ JE VEUX...

* LES GÉNÉRALISTES

Un tour d'horizon de l'actu sous tous ses angles : politique, social, économique, national, monde...

* www.lemonde.fr
* www.liberation.fr
* www.lefigaro.fr
* www.france-info.fr

* LES ALTERNATIFS

Des dossiers solides, des enquêtes exclusives et des sacrées révélations.

* www.rue89.fr
* www.mediapart.fr
* www.bakchich.info

* LES PRATIQUES

Impec' pour tout connaître de l'actu culturelle.

* www.telerama.fr
* www.franceculture.com
* www.arts-programme.com
* www.concertandco.com

NÉGLIGENCE **ZÉRO**

Non, aller chercher sa baguette en jogging troué, les cheveux en bataille, sans s'être brossé les dents, n'est pas envisageable, même un dimanche matin. Sortir tous ses strass, ses talons aiguilles et sa petite robe noire en soie, non plus ; la boulangère serait certes honorée de vous voir si bien sapée pour deux croissants au beurre, mais le risque de friser l'over-dressed (et le ridicule) est énorme.

Le bon compromis :

* **une haleine fraîche** (n'essayez même pas de passer votre porte d'entrée en vous étant affranchie de ce détail...),
* **une lichette d'anti-cernes** (parce que, oui bon, vous êtes sublime au naturel, on ne revient pas là-dessus, mais à moins d'avoir moins de 15 ans, de dormir neuf heures par nuit, de manger bio matin, midi et soir, d'habiter à la campagne où l'air est pur et de n'avoir jamais approché de loin ou de près ni cigarette ni goutte d'alcool, croyez-nous, l'anti-cernes pourrait vous rendre service),
* **un soupçon de fond de teint** (si on y regarde de près, il y a p't-être bien un petit bouton par-ci, ou une micro-imperfection par-là qu'il serait bon de planquer),
* **un coup de blush** pour les courageuses (mais en y réfléchissant bien, un peu de couleur ne fait de mal à personne surtout en plein mois de janvier), une tenue certes casual, décontract', mais propre (et pas trouée, mais vous vous en doutiez, non ?).

* ET LES JOURS OÙ J'AI PAS ENVIE ?

Autant il y a des jours où on sortirait volontiers sa rivière de diamants, sa robe en soie préférée, escarpins, laque rouge et brushing... autant il y a des jours où on se sent down, pas super belle et on a envie de pas grand-chose, voire de rien... Ça vaut le coup de passer une tête dans son dressing pour repérer les pièces avec lesquelles on se sent toujours jolie et féminine. Pull noir en V, chemisier liberty, tee-shirt rock, top fuchsia, jupe en cuir, jean gris... L'idée, c'est de sélectionner ce qui vous va le mieux et vous embellit, à coup sûr ! Les jours de petite forme, foncez sur ces basics sans vous poser de questions.

Côté make-up, si vous n'avez pas envie de faire d'efforts particuliers, concentrez-vous sur un teint impec', agrémenté d'un coup de blush pour l'effet bonne mine et d'un lipstick vif et pourquoi pas légèrement irisé, ça peut suffire à égayer votre visage (et du coup votre journée, car si vous vous sentez belle, ça ira déjà mieux !).

ÊTRE OPEN

Aller vers les gens et être capable de s'intéresser (vraiment) à eux, c'est finalement loin d'être courant. Une fille dont la sociabilité est la seconde nature : souriante, abordable et pas nombriliste, c'est franchement très séduisant. Pas easy pour les timides au début, mais commencez toujours par afficher un sourire sincère, c'est le meilleur passeport qu'on connaisse pour une entrée en matière et, à moins de tomber sur un vieil ours mal léché, ça marche à tous les coups. Écouter les gens pour de vrai et s'adapter à leur conversation, c'est une bonne façon de poursuivre (pas la peine d'essayer de placer à tout prix votre nouvelle passion pour le yoga bikram au boucher du village auvergnat, mais interrogez-le plutôt sur ses bons plans pour réussir votre filet mignon comme jamais).

Acceptez aussi qu'on vous pose des questions et qu'on vous manifeste de l'intérêt. La fille hyper-curieuse des autres, qui se recroqueville quand on s'intéresse à elle, c'est suspect. Pas la peine de raconter votre vie, seulement ce dont vous avez envie, mais laissez à la personne en face de vous la possibilité d'apprendre à vous connaître.

UNE POINTE DE SENSUALITÉ

Essayez de vous mouvoir de manière lascive (entraînez-vous à la maison devant votre miroir s'il le faut), rien de tel pour déstabiliser la gent masculine et l'entourlouper... En passant, à bon entendeur, on rappelle la définition de « lascif, ive » : qui incite aux plaisirs amoureux, sensuels... Le mot appartient au même champ lexical que chaud, charnel, concupiscent, érotique, libidineux, voluptueux, libertin... Bref, tout ça pour dire qu'il ne faut pas être lascive n'importe où, ni avec n'importe qui !

L'idée, c'est de dégager un max de sensualité, de laisser s'extérioriser son côté animal sans jamais tomber dans le côté allumeuse détestable... Le prérequis, c'est un minimum de confiance en soi et une bonne estime personnelle. Difficile de jouer avec son corps et de le laisser s'exprimer si on n'est pas à l'aise avec. L'erreur à ne pas commettre, c'est d'en faire trop ; en matière de sensualité, la subtilité est de rigueur... C'est gagné quand votre gestuelle est suffisamment excitante pour le titiller et suffisamment innocente pour faire comme si vous n'aviez pas conscience de dégager une telle ardeur. Le provoquer sans faire exprès en somme...

* ÇA, C'EST SENSUEL :

* Croiser et décroiser les jambes.
* Se lover contre son homme.
* Se mordiller les lèvres.
* Entortiller une mèche de cheveux.
* Murmurer.
* Renverser sa tête en arrière en riant.
* Appuyer sa joue contre sa paume.
* S'étirer comme un chat.
* L'effleurer.
* Incliner la tête quand on l'écoute.
* Lâcher ses cheveux.
* Marcher en balançant ses hanches.
* Soutenir son regard.
* Danser.
* Sautiller en nuisette.

* DANS LA REAL LIFE

Un truc qu'il faut bien se mettre en tête, c'est que les bombes ne sont pas toutes actrices ou mannequins, ne se déplacent pas qu'en limousine avec chauffeur, ne font pas leur shopping exclusivement sur la 5e Avenue à NYC. Elles habitent parfois dans 30 m^2, se rendent le samedi matin au Monop' (et sans bodyguard), vont voir leurs parents en week-end à Concarneau (en TGV, et non en jet privé)... Bref, ce sont des filles ordinaires à la base...

C'est pas qu'on veuille dévaloriser les people, mais avoir un make-up artist, un coiffeur, un styliste et un coach sportif sous la main, ça aide quand même pas mal à doper son beauty potentiel. Sans être mesquines, on serait bien curieuses de voir les mêmes se débrouiller toutes seules, et voir comment elles sont radieuses après une nuit de trois heures de sommeil et de cinq heures de vodka-pomme au Macumba. Tout ça pour dire : la fille qui en jette naturellement (vous, par exemple) mérite encore plus son statut de bombe atomique !

AFFIRMER SA PERSONNALITÉ

Vous avez sans doute déjà entendu le terme « béni-oui-oui » : il désigne une personne qui dit oui à tout et qu'on qualifierait volontiers par extension de simplette... Eh bien, plutôt mourir que de s'entendre désignée ainsi ! Être une bombe, c'est tout le contraire : n'hésitez pas à affirmer vos idées, vos opinions, à dire non, en somme n'ayez pas peur de passer pour la « relou de service »...
Ce n'est facile pour personne de dire ce que l'on pense vraiment, mais c'est courageux de le faire. C'est aussi une question d'habitude : avec le temps, les barrières sautent, on a moins peur du jugement des autres et on se lâche. Cerise sur le gâteau : vous constaterez rapidement que c'est hyper-jouissif d'oser s'affirmer ainsi. Une fille piquante qui a du caractère, c'est le piège à garçons le plus redoutable qu'on connaisse (et ça n'a juste rien à voir avec la chieuse qui n'est jamais contente, qui beugle en permanence et qui mène son monde par le bout du nez...).

* DES COPINES, ELLE EN A PLEIN !

Une fille qui a des copines (on entend là d'autres filles), c'est plutôt bon signe ! À travers les lignes, ça veut dire qu'elle n'a pas de problèmes relationnels, qu'elle peut se lier, qu'elle est capable d'authenticité et de solidarité, qu'elle a des gens à qui se confier... Bref, des copines, c'est super bon et sain pour l'équilibre. Après, il y a les copines et les amies, les deux sont super chouettes et l'important c'est d'avoir un peu de chaque !

A contrario, la fille qui n'a que des copains n'est pas une dégénérée, loin de là. L'essentiel reste d'être entourée par des gens qu'on aime. N'être amie qu'avec des garçons, ça signifie parfois le goût de l'ambivalence ou le jeu de la séduction, mais heureusement pas toujours. Parfois aussi le meilleur ami est un pote, tout simplement parce qu'une fille ne se trouve pas d'affinités avec celles de son entourage.

Ma copine pour laquelle je n'ai pas de secrets : ....

Ma copine avec qui on s'éclate comme des folles : ....

Ma copine qui me dit toujours ce qu'elle pense : ....

Ma copine de bon conseil : ....

Ma plus vieille copine : ....

Ma copine que je protège comme une petite sœur : ....

ELLE PREND DE LA **HAUTEUR**

D'une façon générale, une bombe est à l'aise avec sa féminité. Un décolleté pigeonnant qui fait tourner les têtes, un lipstick rouge qui claque, des talons de 10 cm qui la hissent au-dessus des têtes masculines, rien de tout ça ne lui fait peur. Ce n'est pas (encore) votre cas ? Pas grave, on va vous aider !

Tutoyer les sommets d'une belle démarche assurée, ça nous fait rêver... Marine Aubonnet, créatrice de « Talons Academy », nous livre quelques secrets pour commencer sa vie de femme en heel shoes ! Parce qu'il faut bien commencer un jour...

✳ LE CHOIX DES CHAUSSURES

« N'investissez pas tout de suite dans des talons de 15 cm, ce serait décourageant et dangereux ! Limitez-vous plutôt à une hauteur de 5/6 cm et optez pour un talon assez large qui sera plus stable, pour commencer, c'est mieux. N'hésitez pas à passer la main dans la chaussure pour repérer d'éventuelles coutures qui pourraient être douloureuses à la longue. D'une façon générale, méfiez-vous des coups de cœur et privilégiez une chaussure confortable dès le départ. Si vous avez déjà mal aux pieds en magasin, peu de chances que ça s'arrange par la suite. »

✳ LA MARCHE

«Ne cherchez pas à marcher aussi vite qu'à plat ! Rappelez-vous que ce ne sont pas des chaussures de vitesse mais des chaussures de princesse ! Pour réussir, vous ne devez être ni pressée ni stressée. Commencez par des petits trajets pour vous habituer, et pour éviter la panique, gardez toujours sur vous une paire de ballerines au cas où... »

✳ LA POSTURE

« On se tient droite, et on ne regarde pas ses pieds, mais devant soi ! Progressivement, on apprend à débloquer ses hanches pour aboutir à un joli déhanché. La clé de la réussite : prendre du plaisir à porter ses talons, et la suite viendra... »

UN COURS À « TALONS ACADEMY », ÇA SE PASSE COMMENT ?

La motivation des élèves (entre huit et douze par cours) : se sentir confiante haut perchée et s'assurer une démarche sexy. Pour y parvenir : une coach, ancienne mannequin pour qui l'escarpin n'a pas de secrets. Tout commence par un round d'observation : les filles portent les chaussures qu'elles ont apportées et marchent en musique. S'ensuivent des séries d'exercices collectives et parfois individuelles pour identifier les failles de chacune et les corriger. La session dépend aussi du thème choisi : zen en talons, leçons de stilettos, talons la nuit... Le cours dure entre une et deux heures (comptez entre 15 et 25 euros), et l'ambiance est franchement détendue. Cerise sur le gâteau : la session s'achève par un cocktail convivial... Bon plan : vous pouvez aussi privatiser un cours pour un anniversaire, EVJF and co.

Talons Academy (cours à Paris, Lyon, et bientôt d'autres villes), pour toute demande de renseignements : info@talonsacademy.fr

SUIVEZ MON REGARD

La séduction passe par les jeux de regard. La bombe le sait parfaitement et en maîtrise tous les codes... Regard fuyant ou fixé sur ses chaussures (aussi jolies soient-elles), très peu pour elle. Ses prunelles n'ont pas peur de regarder les gens en face (juste ce qu'il faut pour montrer à son interlocuteur qu'on est intéressée par son discours sans trop insister non plus pour ne pas le mettre mal à l'aise, ni passer pour une psychopathe). Ne pas détourner le regard, ça dénote aussi une certaine assurance et de l'honnêteté.

Distillez des clins d'œil avec parcimonie (pas la peine de se transformer en Jim Carrey...), des regards complices ici et là mais sans jamais en faire trop. Un regard bien balancé peut suffire à troubler l'homme qui est en face de vous, mais s'il est trop insistant, c'est l'effet inverse...

ma meilleure arme...

TEST COMMENT ÊTES-VOUS PERÇUE ?

Petite souris qui rase les murs ou diva maxi glamour amusée, découvrez comment votre entourage vous voit.

1. C'est votre anniversaire, vous recevez...

★ Des fringues.
♦ Un bon pour un massage.
✤ Des livres.

2. Dans votre immeuble, vous connaissez...

✤ Deux personnes maxi.
♦ Deux à cinq personnes.
★ Presque tout le monde.

3. Si vous étiez un sport, vous seriez...

✤ Le patinage artistique.
★ La formule 1.
♦ Le tennis.

4. Votre look préféré, c'est...

♦ Jean bien coupé, top en soie et jolies ballerines.
★ Petite robe noire, bas et talons hauts.
✤ Tout pourvu que ce soit très confort.

5. **Vous n'êtes pas du tout d'accord avec une décision de votre boss...**
   - ✤ Vous ne dites rien.
   - ♦ Vous lui dites avec votre diplomatie légendaire.
   - ★ Vous lui dites cash, sans réfléchir.

6. **On compte souvent sur vous pour...**
   - ★ Rire et changer les idées.
   - ♦ Écouter et conseiller.
   - ✤ Compatir et pleurer.

7. **Un ami organise une soirée dont le thème est le Festival de Cannes...**
   - ★ Ça vous éclate, vous courez dévaliser les magasins.
   - ♦ Ça vous amuse, vous jouez le jeu à fond et sortez ce que vous avez de plus bling-bling !
   - ✤ Ça vous ennuie profondément, vous déclinez l'invitation.

8. **Au bureau, on dit de vous que vous êtes...**
   - ★ Une killeuse prête à tout pour réussir.
   - ✤ Une petite souris prête à tout pour ne pas se faire remarquer.
   - ♦ Un amour prêt à tout pour être agréable.

9. **Vos chaussures les plus sexy, c'est...**
   - ♦ Une belle paire d'escarpins Pierre Hardy que je sors à l'occasion.
   - ✤ Une paire de ballerines vernies.
   - ★ Je ne sais pas, j'en ai tellement.

RÉSULTATS...

Vous avez une majorité de ★

···> On vous perçoit comme une fonceuse, ascendant séductrice.

Dès que vous arrivez quelque part, on vous remarque (et vous faites tout pour). Le moins que l'on puisse dire, c'est que vous ne lésinez pas pour attirer l'attention, et en même temps, vous êtes vous-même, un poil brute de décoffrage. Entière et aussi très fun, votre personnalité ne laisse pas indifférent.

Vous avez une majorité de ♦

···> On vous perçoit comme la fille sympa, ascendant cool.

Vous êtes sociable, n'avez pas peur de dire ce que vous pensez, ni de vous mettre en valeur. Votre force, c'est votre côté tempéré, jamais too much, jamais pas assez. Votre tempérament jovial et modéré est apprécié par le plus grand nombre.

Vous avez une majorité ♣

···> On vous perçoit comme discrète, ascendant timide.

De nature réservée, vous détestez vous faire remarquer et faites scrupuleusement ce qu'il faut pour que ça n'arrive pas. Pour ces mêmes raisons, vous n'êtes pas très portée sur la mode et préférez vous dissimuler derrière des looks banals. Pour vous découvrir (et vous apprécier), il faut faire pas mal d'efforts.

* NOTES

Perso, j'ai choisi de faire diversion ...

SE METTRE EN VALEUR***

Il ne s'agit pas d'avoir des mensurations de rêve, un sourire ultra-bright et un minois à croquer… L'idée, c'est de tirer parti de vos plus beaux atouts, d'adopter quelques règles de base et de vivre sereine avec vos défauts. Si vous vous trouvez jolie, vous resplendirez et il y a fort à parier que d'autres seront d'accord avec vous ! C'est mathématique !

TEST SAVEZ-VOUS VOUS SUBLIMER ?

Dégotter l'ombre à paupières qui vous fera des yeux de biche, tenter une nouvelle coupe de cheveux, vous faire belle rien que pour vous plaire, c'est votre truc ou pas ?

1. Le matin, pour vous habiller...

♦ Vous faites selon votre tête, votre humeur et la météo.
★ Vous avez tout préparé scrupuleusement la veille.
✤ Vous prenez ce que vous attrapez en premier.

2. Se faire belle pour vous, c'est...

★ Une obligation sociale.
♦ Un plaisir pour vous-même.
✤ Une corvée.

3. Votre dernière visite chez le coiffeur remonte à...

★ Moins d'un mois.
♦ Moins de six mois.
✤ Excellente question...

4. La chirurgie esthétique et vous, c'est...

♦ Envisageable si vous un jour ne vous plaisez plus.
★ Prévu dès que vous franchirez la barre de la quarantaine.
✤ Jamais de la vie !

5. C'est dimanche, il pleut et vous ne comptez pas sortir...

★ Vous vous habillez et maquillez comme d'habitude.
♦ Vous enfilez une tenue confortable et vous maquillez légèrement.
✤ Vous restez en pyj' sans make-up, ça va de soi.

6. Vous vous maquillez...

♦ En fonction de votre humeur et de vos vêtements.
★ Toujours de la même façon.
✤ Le plus rapidement possible.

7. On trouve généralement que vous êtes...

★ Très sophistiquée.
✤ Très naturelle.
♦ Rayonnante.

8. Le coiffeur vous conseille une coloration...

★ Vous l'écoutez, c'est un expert.
♦ Vous savez mieux que lui ce qui vous va.
✤ Vous refusez catégoriquement, jamais de la vie !

9. Pour les conseils beauté, vous vous tournez vers...

✤ Le dermato.
★ Les magazines.
♦ Vos copines.

10. Vous avez grossi, votre plan d'attaque commence par...

♦ La gym.
✤ La diète.
★ Les crèmes minceur.

RÉSULTATS...

Vous avez une majorité de ★
···➢ Vous êtes une pro.

Make-up, coiffure, soins, vous maîtrisez tout ça sur le bout des doigts. Pour vous, une belle apparence est une des clés de la réussite, alors vous ne lésinez pas... Ça vous coûte un bras chaque mois, mais vous êtes toujours au top.

Vous avez une majorité de ♦
···➢ Vous savez ce qui vous va.

Pour vous, être belle, c'est d'abord se plaire à soi-même. C'est un plaisir de s'entretenir et vous ne supportez pas le laisser-aller. Vous vous connaissez bien et savez ce qui vous met en valeur, vous en jouez tout en variant les plaisirs selon vos humeurs.

Vous avez une majorité de ✤
···➢ Vous vous en fichez un peu.

Pour vous l'essentiel est ailleurs et la beauté est intérieure. Tout ce qui relève de l'apparence physique ne vous intéresse pas vraiment et vous trouvez ça un peu futile. C'est votre choix, dites-vous juste que même si ce n'est pas le plus important, un brin de make-up ou une nouvelle coiffure, ça aide parfois à se sentir mieux.

LA CHECK **LIST**

Faites une liste de vos points forts, des compliments qui reviennent le plus souvent à votre égard, de ce que vous aimez chez vous et que vous ne changeriez pour rien au monde: des doigts de pianiste, un sourire mutin, des seins bien dessinés, des jolis reflets dans les cheveux, un grain de beauté, une cheville toute fine...

À partir de là, ne ratez pas une occasion de mettre en valeur ces petits détails pour qu'ils explosent au grand jour et qu'on les remarque encore plus qu'avant!

J'ai de jolies mains = je m'arrange pour qu'elles soient toujours douces et manucurées (une couche de vernis brillant, c'est le minimum syndical et c'est pour les jours de flemme).

J'ai des chevilles de rêve = je n'hésite pas à porter une petite chaînette dorée toute fine, l'été c'est juste un traquenard rudement efficace pour séduire les garçons.

J'ai une belle poitrine = je la laisse deviner (beaucoup plus sympa que de l'exhiber), à moi les pulls en V, les blouses vaporeuses, les bustiers, les cache-cœurs...

J'ai un beau sourire = je l'entretiens à coup de dentifrice blanchissant, gommage et baume pour les lèvres, et je ne sors jamais sans lipstick.

La plupart des filles normales (on entend par là ni top ni actrices) sont très loin de la perfection, mais si certaines se distinguent particulièrement, c'est parce qu'elles savent tirer parti de leurs plus beaux atouts. À bon entendeur...

Mes deux plus gros points forts :

....

....

....

....

Mon plan d'attaque pour les sublimer :

....

....

....

....

J'AI DES DÉFAUTS, **ET ALORS ?**

A-t-on vraiment besoin de vous rappeler que c'est le lot commun des mortelles ? Les filles les plus sublimes des magazines sont TOUTES retouchées (même cette adorable baby-doll de 16 ans) ! Le principal, c'est d'identifier ses défauts et de trouver ensuite la parade pour les camoufler, voire les optimiser. Avec un arsenal cosmétique bien défini et un dressing bien pensé, vous pourrez rectifier le tir sans l'ombre d'un doute. Chaque petite imperfection peut être contrée grâce au make-up (Dieu soit loué, on est des filles, pensez à nos pauvres amis les hommes qui doivent se coltiner leur tête sans avoir le droit au fond de teint !).

* EXEMPLES

Vos yeux sont trop rapprochés : Commencez par épiler vos sourcils à leur naissance afin de donner l'illusion que vos yeux sont plus écartés. Travaillez ensuite le coin interne de la paupière mobile avec une teinte beige ou blanche, puis ombrez le côté externe avec une couleur plus foncée.

Mon nez est trop gros : Utilisez un fond de teint une teinte plus foncée sur les ailes du nez pour le faire paraître plus fin, estompez bien. Accentuez votre make-up sur la bouche ou les yeux pour que le regard soit détourné du nez.

Ma bouche est trop petite : Le gloss permet d'accentuer les volumes et une couleur soutenue, de la rendre plus imposante. Évitez de trop la redessiner au crayon, l'effet ne sera pas naturel.

Et puisque toutes ces astuces ne s'inventent pas, n'hésitez pas à vous rendre en institut ou sur les corners des marques dans les grands magasins pour vous faire conseiller par une maquilleuse pro.

Le goal suprême, c'est de transformer vos défauts en qualité (vous avez le teint très clair ? accentuez-le avec une bouche bien rouge pour faire pin-up).

C'est bien aussi de relativiser l'importance de vos imperfections… Ah oui, vous aussi, vous trouvez vos doigts de pied un peu boudinés ?

BOMBE **ET RONDE ?**

Des kilos en plus, c'est une silhouette pulpeuse : des hanches, des seins, des fesses et parfois même un peu de ventre. Pour tout vous dire, bon nombre de garçons trouvent ça très sexy et pas mal de femmes envient ces kilos de glamour en plus.

Beyoncé

··· Un corps voluptueux mais aussi ferme et gracieux.

Jennifer Lopez

··· On dit que son corps est en forme de guitare et ça ne l'empêche pas d'être LA bomba latina !

Marilyn Monroe

··· La bombe la plus pulpeuse d'Hollywood n'est pas devenue un mythe pour rien.

Yahima Torres

··· Des mensurations peu habituelles qui ne l'ont pas empêchée d'incarner la Vénus noire.

Queen Latifah

··· La rappeuse la plus plantureuse du monde !

Beth Ditto

···⁝ Un physique opulent et une énergie de folie, la bonne combinaison pour déchaîner les hordes de fans.

Drew Barrymore

···⁝ Avec ses rondeurs, c'est pourtant une actrice très « bankable » !

Lily Allen

···⁝ Sexy et ronde, la chanteuse pop cartonne !

America Ferrera

···⁝ Ugly Betty n'aurait sans doute pas décroché le rôle si elle rentrait dans des vêtements taille 34.

Liv Tyler

···⁝ Elle est très fière de son corps qui lui a permis d'être égérie de nombreuses marques.

Et dans mon entourage dans le même genre…

....

....

....

....

UNE BOMBE DOIT AVOIR **LA PEAU DOUCE !**

C'est un impératif, un diktat, qui ne se discute pas. On n'a jamais vu une bombe avec la peau rugueuse et des poils de yéti sur les jambes !

* ON ADOPTE TOUT DE SUITE LES BONS RÉFLEXES

Tous les jours, en sortant de la douche, on se tartine généreusement des pieds à la tête d'un bon lait hydratant. Les peaux sèches optent d'entrée pour des formules costaudes, comme les beurres corporels, les baumes ou les laits enrichis, qui vont calmer les tiraillements et même adoucir les zones les plus rugueuses. Les peaux sensibles font gaffe et se limitent aux soins hypoallergéniques qui vont respecter leur fragilité. Bingo, pour les peaux normales, elles peuvent se faire plaisir et choisir ce qui les branche le plus en fonction de la texture, du parfum, etc.

Une fois par semaine, on met la gomme ! On choisit un scrub selon ses envies (au sel de la mer Morte, aux brisures de noyaux d'abricots, à la poudre d'avoine…). Puis on procède en massant le corps zone par zone du bout des doigts avec des mouvements circulaires. De préférence, on attaque par les pieds et on remonte doucement. N'hésitez pas à vous attarder un peu plus sur les zones rugueuses : talons, genoux, coudes. On finit par un rinçage minutieux et abondant. Pourquoi la peau est si canon après ? Le gommage dope le renouvellement cellulaire et active la micro-circulation, c'est le duo gagnant.

✳ ZOOM SUR L'ÉPILATION

Un rayon de soleil inespéré, une irrépressible envie d'enfiler une jupe, mais une minute trente chrono devant soi pour avoir des jambes impec'. OK, vous pouvez dégainer votre **rasoir**, mais première condition : utilisez du savon de Marseille (on a vu plus glam', mais au moins pas d'allergie possible) et faites deux passages, l'un de bas en haut, puis l'autre de haut en bas.

Une grosse flemme dotée d'un ascendant douillette va avoir tendance à se ruer sur la **crème dépilatoire**. Et pourquoi pas ? Finalement, c'est ni plus ni moins une sorte de rasoir chimique qui éradique les poils, et vous serez tranquille une semaine. Pour un max d'efficacité : badigeonnez copieusement vos gambettes, et au bout de dix minutes, ôtez le tout en un coup de spatule, puis filez sous la douche.

Courageuses et patientes, brandissez haut et fort votre **épilateur électrique** ! Un peu comme la roulette du dentiste, le bruit qu'il émet dès qu'on a poussé le bouton « on » est flippant. Vite fait, bien fait, il capture les poils à la racine mais nécessite quand même quelques précautions. Les peaux fragiles passent leur chemin, car il a tendance à occasionner des petits boutons. D'autre part, parfois les poils repoussent sous la peau, donc pour enrayer ce phénomène, il faut procéder à des gommages réguliers afin d'empêcher de bloquer le poil sous la peau. Un bain ou une douche chaude avant n'est pas inutile pour ramollir la peau, dilater les pores et rendre l'épilation ainsi moins douloureuse.

Le meilleur moyen de se débarrasser de ces satanés poils un bon moment, c'est quand même la **cire**, chaude ou froide, en institut ou à la maison.

Quelques bémols : il faut attendre que le poil fasse environ 5 ou 6 millimètres pour procéder à son éradication, tout le monde ne supporte pas la douleur (certes, tout est relatif), et dans le cas de la cire chaude, il faut veiller à ne pas se brûler !

Enfin, une bonne option reste l'**épilation au laser** quasi définitive (peu de chance en effet que vous regrettiez un jour vos poils...). Comptez trois à cinq séances espacées de deux mois et un budget très variable selon l'endroit où vous pratiquerez. C'est un peu douloureux (notamment pour les aisselles et le maillot où la peau est fragile) mais supportable. Votre peau ne doit absolument pas être bronzée pour éviter une dépigmentation et vous ne devez pas vous exposer pendant un mois après une séance pour cause d'épiderme fragile.

Préférez toujours un dermatologue à un salon d'esthétique : seuls les médecins ont le droit de pratiquer le laser ; dans un salon c'est avec une lampe qu'on procédera à votre épilation définitive, et si les résultats sont moins concluants, vous courez aussi un risque de brûlure quand le praticien n'est pas suffisamment expérimenté.

LE SMILE CANON

C'est LE beauty détail à ne jamais négliger. Un beau sourire, c'est un aller simple pour la conquête du monde…
Les secrets pour bichonner cette arme de séduction massive :

* DENTS BLANCHES

Sans elles, pas de smile ultra-bright… Amies fumeuses, buveuses de thé, et de café, vous le savez, ces substances altèrent l'éclat des dents et peuvent provoquer des taches. Évidemment un brossage des dents minutieux trois fois par jour (eh oui, le midi aussi, même au bureau : ça rafraîchit l'haleine et les idées aussi), c'est le minimum syndical. On peut opter pour un dentifrice blancheur au quotidien, il agit comme un gommage sur l'émail, mais il ne faut pas le choisir trop abrasif. Une ou deux fois par an, un petit tour chez le dentiste pour un détartrage (et un petit contrôle), ça permet aussi d'éclaircir le sourire. Enfin, il existe aussi des kits de blanchiment à base de peroxyde, vendus dans le commerce, ou des traitements à suivre chez le dentiste. Sans oublier les facettes pour un sourire perfect, mais là c'est beaucoup plus cher…

* GOMMAGE DES LÈVRES

On oublie souvent, lorsque l'on exfolie son visage, de scrubber ses lèvres, et pourtant… Le bon matos : une texture douce avec des minigrains et onctueuse (enrichie en actifs hydratants). Le bon geste : on masse en petits mouvements circulaires du bout des doigts. Encore plus que d'habitude, la douceur est de rigueur et il s'agit de se débarrasser des petites peaux mais pas de s'arracher la bouche.

Idée recette maison : mélangez une cuillère de miel (aux vertus adoucissantes) et une cuillère de sucre et servez-vous de cette pâte gourmande pour exfolier vos lèvres.

* HYDRATATION

C'est le secret le plus important pour conserver un sourire souple et une bouche qui donne envie d'embrasser... Sans hésiter, on se tourne vers des baumes riches, gorgés de beurre de karité and co, qui vont maxi hydrater les lèvres. On en fait un rituel : s'étaler une bonne tartine avant de se coucher, c'est un geste beauté très payant. Pour la journée, on peut opter pour des formules en stick, non moins riches mais plus pratiques à appliquer n'importe où, n'importe quand...

* LIPSTIIIICK

Après tous ces efforts, vous avez bien mérité le droit de vous offrir un beau rouge à lèvres. À la question que tout le monde se pose : Comment éviter que mon lipstick file en trois quarts d'heure ? la réponse est : Redessinez le contour des lèvres avec un crayon (raccord à votre rouge, ou une demi-teinte plus foncée mais pas plus, sinon c'est ambiance drag-queen ou 80's au choix...). On applique ensuite la couleur avec son bâton ou au pinceau pour les plus expertes (finish très glamour).

Deuxième question tout aussi existentielle : Comment choisir sa couleur ? D'une façon générale, les brunes aux peaux mates peuvent se tourner vers des teintes chaudes et foncées (les rouges, les bruns...), les blondes aux peaux claires vers des couleurs douces (bois de rose, pêche, saumon...), les rousses vers des teintes orangées et brunes. Un camaïeu à éviter : les parmes, violets et mauves font paraître les dents plus jaunes par effet d'optique, prudence donc ! Un autre truc à savoir : les teintes sombres font ressortir la pâleur et ont tendance à vieillir.

Un dernier conseil pour toutes : osez le vrai rouge, vous vous sentirez femme comme jamais ! Les plus timorées peuvent commencer par un rouge transparent et les plus téméraires optent direct pour un rouge mat. Un lipstick qui claque, c'est l'assurance de se faire remarquer.

Le lipstick qui me fait fantasmer :

....

Le lipstick de tous les jours :

....

Le lipstick qui me rend belle même les jours down :

....

LES YEUX DE CHAT

Les yeux, c'est ce qu'on voit en premier, autant qu'ils en jettent ! Niveau drague, c'est aussi de l'artillerie lourde…

✳ LE SMOKY EYE EASY

1. On s'assure d'avoir un joli teint et un max d'éclat. Un smoky eye sur une grise mine, c'est un fiasco.

2. Nappez votre paupière d'anti-cernes (comme les pros) ou d'une base avant fards pour améliorer la tenue.

3. Appliquez le crayon khôl sur l'ensemble de la paupière mobile. Si vous n'êtes pas très à l'aise, vous pouvez procéder par traits en partant de la racine des cils et en remontant jusqu'au pli.

4. Appliquez ensuite le fard noir par-dessus le khôl, c'est lui qui va rendre le regard vibrant.

5. Appliquez maintenant le fard au ras des cils inférieurs.

6. Reprenez votre khôl pour souligner la frange des cils inférieurs. Si ça bave un peu, vous l'estomperez ensuite, et à vous l'effet fumé.

7. Pour contraster et apporter un peu d'éclat, déposez ensuite un fard ivoire, beige ou blanc dans le coin interne de l'œil et sous le sourcil.

8. Une lichette de mascara pour ouvrir le regard, et c'est fini.

✳ WARNING

On ne le réussit pas forcément du premier coup, donc entraînez-vous et évitez de le faire pour la première fois le soir où vous sortez avec ce beau garçon si convoité.

Avec un tel coup de projecteur sur les yeux, on y va carrément mollo sur les lèvres, qui restent très discrètes.

Si des pigments foncés sont tombés sur votre visage, balayez-les avec un gros pinceau, puis ré-appliquez un soupçon de poudre libre.

LA PAIX AVEC MES CHEVEUX

On rêve de belles boucles bien rondes et joliment dessinées alors qu'on a des cheveux filasses sur la tête... On voudrait être blonde comme les blés alors qu'on est brune comme un corbeau...

···> Les vraies pistes à suivre pour booster le volume, ne plus avoir des cheveux raides comme des baguettes, remplacer sa masse moutonneuse par des belles anglaises, réussir une colo sans criser.

* MONTER LE VOLUME

À l'école, on vous appelait Filasse, et si beaucoup de choses ont changé depuis, on ne peut pas dire que Crinière de lionne soit un bon surnom encore aujourd'hui...

Le plan d'attaque, c'est d'abord de se shampouiner intelligemment : pas en lisant Descartes mais plutôt en utilisant un shampooing spécial volume ou, pas mal aussi, un shampooing énergétique dont les actifs agiront comme des vitamines sur les tifs. Secundo, répartissez une noix de mousse volumatrice sur vos racines et procédez au séchage : décollez vos racines avec les doigts et séchez-les à contresens de leur implantation. Inutile de se mettre la tête en bas comme on l'entend souvent, à moins que vous ne vouliez ressembler à une héroïne télé des 80's. Pour la phase coiffage, dégainez votre laque et vaporisez-la en voile à une dizaine de centimètres de vos cheveux. Soyez minutieuse pour les dernières finitions (ranger un tif qui traîne) afin de ne pas risquer l'effondrement du volume.

Les people qui ont un volume d'enfer:
Amy Winehouse, Penelope Cruz, Angelina Jolie.

Mes copines qui ont un volume d'enfer:

....

....

✳ DES JOLIES BOUCLES PAR TOUS LES TEMPS

Le côté caniche qui sort de chez le toiletteur vous exaspère? C'est bien compréhensible, on prend le pari de vous aider à arborer des curls très sexy.

Question shampooing, c'est de l'ultra-doux et du super-riche, et rien d'autre. Ces cheveux souvent bien secs, on essaie de les shampouiner une ou deux fois par semaine maxi. On ne lésine pas sur le chouchoutage en bonne et due forme: masque ultra-nourrissant hebdomadaire qu'on laisse poser un bon quart d'heure (et toute une nuit, la tête enveloppée dans une serviette quand on dort seule). Ici aussi on a besoin d'une mousse, coiffante cette fois-ci, qu'on répartit sur l'ensemble de la chevelure. Pour dessiner des belles boucles, rien de révolutionnaire: on entortille les mèches autour du doigt. Un coup de sèche-cheveux (ou pas) pas trop près, et c'est terminé.

Les boucles leur vont si bien, version people:
Scarlett Johansson, Rihanna, Natalie Portman.

Les boucles leur vont si bien, version mes copines:

....

....

* LISSE TOUJOURS

Jennifer Aniston en a fait sa marque de fabrique et nous aussi ! On opte pour un shampooing lissant (waouh le scoop !) et on procède à un rinçage hyper-minutieux et si possible à eau froide (un miracle pour resserrer les écailles). Après-shampooing obligatoire et démêlage au peigne à grandes dents (comme les enfants). L'étape reine, c'est bien sûr le brushing ! Avant de commencer, dispersez quelques gouttes de sérum lissant, puis travaillez mèche par mèche à l'aide d'une brosse ronde. Si ce n'est pas assez raide, il ne vous reste qu'a sortir votre fer à lisser, mais n'oubliez pas avant de protéger vos tifs de la chaleur avec un soin thermo-lissant.

Les people qui ont les cheveux lisses de mes rêves :
Vanessa Paradis, Eva Longoria, Freida Pinto.

Mes copines qui ont les cheveux lisses de mes rêves :

....

....

Je voudrais ça -
euh, la coiffure je peux, mais ...
Scarlett Joanshon

* LES RÈGLES D'OR DE LA COLO MAISON

C'est pas compliqué, mais avant de plaquer votre coloriste préféré, lisez attentivement ce qui suit afin d'éviter la crise de nerfs et celle de larmes aussi (les cheveux verts à la Shrek, c'est pas tendance, qu'on sache...).

Tout comme le plus beau des maquillages ne sera pas réussi si la peau n'est pas saine, il en est de même pour la coloration : il faut que les cheveux soient au top le jour J. On attaque donc les festivités une semaine avant la coloration en remplaçant son conditioner par un masque riche. Objectifs : nourrir le cheveu et réparer la fibre capillaire si elle est altérée.

Plus vos cheveux auront subi de traitements chimiques, plus il sera difficile de faire durer la couleur et de la rendre jolie. Si vous tenez vraiment à faire un défrisage, attendez une semaine avant de procéder à la coloration, que vous choisirez sans ammoniaque et douce pour ne pas plomber le défrisage. Si vous enchaînez défrisage et colo, la catastrophe guette.

Il vaut mieux ne pas laver les cheveux le jour même afin que le sébum naturel fasse office de couche de protection sur le cuir chevelu (bon, on n'a pas dit tout cracra non plus, hein). En revanche pour les mèches, pas de problème, on peut avoir le cheveu propre.

On choisit la couleur en fonction du teint et des yeux. Les teints pâles opteront plutôt pour des tons chauds qui vont redorer le teint. Les carnations rosées peuvent, elles, opter pour des teintes à reflets froids ou naturels. Les tons bruns, acajou et chocolat seront très jolis sur des peaux mates. Si on a les yeux très foncés, il faut éviter de trop éclaircir les cheveux, sinon cela durcit le regard. En résumé, une belle couleur est celle qui ne se remarque pas, qui est proche du naturel. Inutile de vous le dire, mais si vous êtes brune comme un corbeau et rêvez d'un blond platine, soit vous faites du gringue à votre coloriste préféré, soit vous y allez pro-gre-ssi-ve-ment!

Pas facile de s'y retrouver parmi tous les produits proposés... Les colorations permanentes sont celles qui vont permettre de foncer ou d'éclaircir visiblement, elles couvrent parfaitement les cheveux blancs. Les colos semi-permanentes vont foncer les cheveux de quelques tons sans assurer une super couvrance des cheveux blancs. Elles s'estompent en un à trois mois sans trop d'effets racines. Enfin, les colorations ton sur ton ne vont se déposer qu'autour du cheveu et non à l'intérieur. Elles apportent un reflet et ne couvrent qu'à peine les cheveux blancs, elles s'estompent en quelques shampooings. Bon, on sait bien que vous n'avez pas l'ombre d'un cheveu blanc, mais on vous prévient pour plus tard (gardez précieusement ce PATCH jusqu'à vos xx ans...).

Les produits, aujourd'hui, sont formulés pour ne pas couler, mais dès que vous appliquez la colo, il est conseillé de nettoyer avec une éponge à maquillage les bordures des cheveux et les duvets afin de ne pas colorer la peau. Sinon, gare à l'effet « j'ai colorié mais j'ai dépassé ».

Pour la première application, on procède ainsi : on répartit la couleur d'abord sur les racines, puis tout de suite après sur les longueurs. À la seconde application, on commence toujours par les racines, mais on n'applique la couleur sur les longueurs que quelques minutes avant la fin du temps de pause. Bannissez les papiers alu ou films transparents dans lesquels envelopper sa chevelure : la couleur doit être à l'air libre. Le plus important : garder un œil sur le chrono pour respecter absolument le temps de pause. On rince ensuite à l'eau tiède et on finit par un jet de rinçage froid pour resserrer les écailles et donner plus de brillance. La touche finale : le soin post-couleur fourni dans la boîte et qui est parfaitement adapté, n'hésitez pas à le laisser poser un peu plus longtemps que ce qui est conseillé (parce que vous le valez bien !).

Ma teinte naturelle :

....

Mes cheveux après l'été :

....

Mes cheveux quand j'étais petite :

....

Les teintes que j'ai déjà essayées :

- ○ .... ○ ....
- ○ .... ○ ....

La couleur qui me va bien :

....

La couleur qui me fait ressembler à une vieille sorcière :

....

La couleur qui me fait fantasmer :

....

La prochaine fois, je tente ça :

....

JE SAUVE **MA PEAU**

Un épiderme plumpy et un teint frais, c'est + 10 sur la beauty échelle.

Une mine froissée, un teint brouillé, et c'est la dégringolade.

TEST QUEL EST VOTRE TYPE DE PEAU ?

Indispensable pour adopter la bonne beauty attitude, découvrez votre type de peau.

1. Votre teint est...

★ très clair
♦ clair
✤ plutôt mat
● très mat

2. Des petits boutons ou des points noirs, vous en avez...

★ jamais
♦ rarement
✤ de temps en temps
● souvent

3. Votre peau brille-t-elle ?

★ jamais
♦ rarement
✤ seulement sur la zone T (front, nez, menton)
● partout et tout le temps

4. Vos pores sont...

★ très resserrés
♦ assez serrés
✤ dilatés
● très dilatés

5. Au soleil...

★ vous prenez des coups de soleil et ne bronzez jamais
♦ vous rougissez, puis vous bronzez
✤ vous bronzez progressivement
● vous bronzez vite et bien

6. Votre peau tiraille-t-elle ?

★ oui, très souvent
♦ oui mais c'est localisé (joues, contour de l'œil...)
✤ oui après la douche
● non, jamais

7. Votre peau est-elle sensible aux changements de température ?

★ oui, surtout en hiver
♦ parfois elle rougit
✤ c'est plutôt rare
● non

RÉSULTATS...

Vous avez une majorité de ★

···> Votre peau est sèche

Son aspect est joli, mais elle est si fine qu'au toucher, elle est parfois rêche et peut se desquamer. Elle doit être nourrie avec des soins suffisamment riches, qui retiennent l'eau, pour être réhydratée en profondeur. Fuyez l'eau du robinet et préférez les laits et huiles pour la nettoyer.

Vous avez une majorité de ♦

···> Votre peau est normale voire à tendance mixte

C'est la plus facile à soigner ; néanmoins, il lui faut des soins appropriés, car la zone T est souvent plus grasse. Vous pouvez opter pour des soins tous types de peau et choisir la galénique que vous voulez pour le démaquillant, car votre peau peut tout supporter. D'une façon générale, protégez-la suffisamment du soleil et n'oubliez pas de l'hydrater généreusement, car une peau normale est une peau qui s'entretient.

Vous avez une majorité de ✣

⋯› Votre peau est sensible

Cet épiderme souvent inconfortable a tendance à tirailler et à rougir facilement. Les changements climatiques, le stress et bien d'autres facteurs le font sur-réagir. Il faut le chouchouter avec des produits appropriés pour ne pas risquer de l'irriter davantage. Pains dermatologiques, savons surgras, eau micellaire et eau thermale sont de bons alliés. Si on va au soleil (prudence !), on privilégie les filtres minéraux, et pour les soins hydratants, on ne choisit que ceux estampillés « peau sensible ».

Vous avez une majorité de ●

⋯› Votre peau est grasse

Elle est sujette aux imperfections et son aspect est luisant. Les bons soins sont ceux qui vont réguler la production de sébum. On évite absolument tous les produits décapants qui vont l'agresser encore plus (et lui faire produire encore plus de sébum, donc tout le contraire de ce qu'on voudrait). Et on n'oublie pas de l'hydrater, car contrairement aux idées reçues, elle peut aussi se déshydrater. Le mieux : des textures fluides et non grasses, et bien sûr des soins non comédogènes.

MANUCURE & PÉDICURE

Si vous voulez vraiment être une bombe, dites adieu aux ongles rongés, aux pieds calleux et au vernis écaillé.

* DES MIMINES DE PRINCESSE

1. OPÉRATION TREMPOUILLAGE

Préparez une bassine d'eau tiède et ajoutez-y le jus d'un citron (génial pour faire blanchir les ongles). Laissez vos mains trempouiller quelques minutes.

2. SORTIR LA GOMME

Une grosse noisette de gommage (un scrub pour le corps fera l'affaire) sur chaque main, massez circulairement pour déloger les cellules mortes. Les perfectionnistes utiliseront un gommage spécial cuticules pour le pourtour de l'ongle. Pour tout le monde : rinçage et séchage minutieux.

3. REPOUSSER LES CUTICULES

À l'aide d'un bâtonnet de buis enveloppé dans un peu de coton, repoussez les petites peaux vers la base de l'ongle. Ôtez l'excédent, mais ne vous avisez pas de couper vos cuticules : vous risqueriez de vous faire mal, et en plus, elles ne sont pas là par hasard mais pour protéger l'ongle.

4. LIMER, PONCER AND CO

Munie d'une bonne lime (sous-entendu en verre et non en carton), procédez par mouvements et limez de l'extérieur vers le milieu de l'ongle. N'insistez pas sur les côtés au risque de fragiliser l'ongle tout entier. Forme amande, ronde ou carrée : c'est comme il vous plaira ! Si vous avez encore deux minutes devant vous, emparez-vous d'un polissoir et faites des mouvements de va-et-vient sur chaque ongle ; à la clé : un ongle tellement brillant que vous pourrez (presque) vous passer de vernis.

5. VERNIR

Le minimum syndical : une base protectrice qui protège l'ongle des agressions extérieures et le fera briller. Mais ce serait dommage après tant d'efforts de ne pas succomber pour un vernis trendy. Posez la couleur en trois temps : un coup de pinceau au centre de l'ongle, de la cuticule au bord, puis un coup de chaque côté. Renouvelez l'opération pour une seconde couche. La touche finale, c'est l'application d'un top coat qui va protéger (et donc faire durer) et faire briller.

6. NOURRIR

Vous ne pensiez quand même pas vous en tirer sans avoir hydraté à mort vos mains ? Alors tartinez-les d'une crème riche généreusement et plusieurs fois par jour. Elles restent souples, et en plus, elles vieilliront moins rapidement. Ça vous ennuie ? Pensez aux mains de votre mamie. Vous voulez les mêmes tout de suite ou le plus tard possible ?

✳ COLORAMA VERSION VERNIS

Avec lui, je suis une working girl très glamour :

....

C'est ma madeleine de Proust du vernis :

....

Quand j'ai envie d'un peu d'excentricité, c'est lui :

....

Avec mes spartiates dorées, ils font un duo d'enfer :

....

Mes escarpins vieux rose et lui, c'est juste à tomber :

....

Juste lui, ma peau bronzée et mes tongs :

....

Je l'aime d'amour :

....

C'est pour se la jouer dame chic :

....

* 8 STEPS POUR PRENDRE SON PIED

1. CHASSER LES PEAUX MORTES ET LES RUGOSITÉS

Sur pieds secs, frottez doucement avec une râpe douce. L'idéal, c'est de la choisir à deux faces : des gros grains pour s'attaquer aux callosités et des grains plus fins pour fignoler le ponçage. Pas la peine de frotter trop fort, vous ne feriez qu'activer la production de kératine et donc l'épaisseur de la corne.

2. DÉCONTRACTER ET DÉSINFECTER

Dans une bassine d'eau tiède, ajoutez une cuillerée à soupe de Mercryl (antiseptique local), qui va permettre d'assainir les pieds. Laissez tremper de cinq à dix minutes. Vous pouvez choisir d'ajouter dans l'eau des galets effervescents ou des sels de bain aux effluves relaxants.

3. GOMMER

Sur peau humide, appliquez un scrub et massez de façon circulaire en insistant sur les zones les plus rugueuses. Après rinçage, essuyez soigneusement vos pieds en passant la serviette entre chaque orteil.

4. REPOUSSER LES CUTICULES

Enroulez un petit bout de coton imprégné de soin émollient pour les cuticules sur un bâtonnet de buis. Puis repoussez sans brutalité les petites peaux, sans oublier les bords latéraux de l'ongle. Ne coupez pas vous-même vos cuticules, vous risqueriez, d'une, de vous blesser, et deux, d'en enlever trop : or l'ongle en a besoin pour se protéger. Finissez en nourrissant les cuticules avec une huile spéciale.

5. COUPER, LIMER

Vous pouvez utiliser un coupe-ongles : dans ce cas, ne coupez jamais l'ongle en entier, mais plutôt en deux fois afin de ne pas le fragiliser. Puis limez pour égaliser et arrondir les angles sans trop insister afin d'éviter l'ongle incarné. Pour ne pas couper trop court, rappelez-vous que l'ongle est à la bonne longueur quand sa partie blanche recouvre la pulpe de l'orteil mais ne la dépasse pas.

6. POLIR

Munie d'un bloc polissoir, frottez doucement (sinon, vous risquez de le fragiliser) sur l'ongle pour le lisser, éliminer les stries et achever de le nettoyer complètement. En bonus, vous obtenez une maxi-brillance.

7. MASSER, HYDRATER

Tartinez généreusement l'ensemble du pied d'une crème hyper-hydratante et massez en effectuant de légères pressions, en partant de la voûte plantaire pour remonter jusqu'aux genoux.

8. VERNIR

Dégraissez bien l'ongle avec du dissolvant, puis appliquez une base pour le protéger et l'empêcher de jaunir ; ça permettra aussi de faire tenir le vernis plus longtemps. Posez ensuite deux couches de vernis de couleur et finalisez par un top coat, l'assurance d'une couleur qui tient et qui brille !

POURQUOI C'EST IMPORTANT ?

✳ TÉMOIGNAGE DE MECS QUI REGARDENT NOS MAINS ET NOS PIEDS

* « Des pieds doux, soignés et vernis, c'est le signe d'une fille qui s'occupe bien d'elle. »
Thomas

* « Sans faire une fixette dessus, la vue des ongles de pied pas nickel, de la corne sous le talon et des ongles pas bien coupés me dégoûte un peu ; les filles négligées très peu pour moi. »
Ludovic

* « Un truc répugnant et flippant à la fois, c'est les ongles rongés. Sorry les filles, mais ça me fait penser à l'automutilation et je me dis que j'ai en face de moi une nana à problèmes. »
Sébastien

* « Je ne demande pas le Pérou, mais des ongles propres et limés, une couche de vernis transparent, c'est suffisant pour être ravissant. »
Nathan

* « Vous allez me prendre pour un fétichiste, mais je kiffe les pieds, ils peuvent être très sensuels. J'essaie toujours de me débrouiller pour voir les pieds de mes petites amies le plus vite possible, et là, ça passe ou ça casse… »
Pierre

ON PREND LES CHOSES **EN MAIN**

Si chaque fois que vous sortez de chez le coiffeur, vous maugréez et avez des envies de meurtre, il faut en changer ! Même si ça fait douze ans que vous êtes fidèle, même si votre sœur ne jure que par lui, même s'il est très gentil… S'il ne comprend pas ce que vous voulez ou ne sait pas le reproduire, ce n'est pas la bonne personne pour vous. Vous pouvez essayer un salon réputé, quitte à payer un peu plus cher. Si c'est vraiment bien, ça va doper en flèche votre estime perso, et ça, ça n'a pas de prix. Pareil pour le nail bar dont le vernis s'échappe au bout de deux jours, l'esthéticienne qui oublie la moitié des poils, celle qui vous laisse seule pendant que votre masque pose au lieu de vous masser les mains…

Chez le coiffeur, c'est particulier, car on ne parle pas toujours le même langage. Il existe quelques subtilités de vocabulaire qui peuvent conduire au drame capillaire si un mot n'a pas la même signification pour vous et pour lui (un grand classique : effiler et dégrader, par exemple). Le bon plan : lui apporter des photos de ce que voudriez obtenir. Il n'y a pas plus clair, et comme ça si c'est raté, c'est sa faute à lui, et il ne pourra pas vous reprocher de ne pas avoir utilisé le bon terme !

10 TRUCS ANTI-SEXY

1. **Des pieds calleux.** Si en plus, ils sont limite propres, vous n'avez plus qu'à vous draper dans la honte jusqu'à la fin de votre vie.

2. **Du vernis écaillé.** Mieux vaut pas de vernis du tout. C'est le détail qui fait négligé, surtout qu'il faut deux minutes pour l'ôter avec du dissolvant.

3. **Des dents jaunes.** C'est simple, il n'y a pas mieux pour flinguer illico son envie de vous embrasser. Foncez chez le dentiste pour un détartrage et à la pharma pour un bon dentifrice blanchissant.

4. **Des pointes de cheveux abîmés.** Vous n'êtes pas un poney, donc allez chez le coiffeur, on coupe, on égalise, et on n'en parle plus !

5. **Des lèvres gercées.** Même en haut du mont Blanc, on se badigeonne de baume nourrissant et on garde un joli sourire (et donc la possibilité d'être embrassée).

6. **Des odeurs de transpiration.** On n'est pas toutes égales devant ce phénomène naturel, mais en gardant toujours sur soi des lingettes rafraîchissantes et un mini-déo, on se pare contre une éventuelle mauvaise surprise.

7. **Des dessous de bras mal rasés.** C'est tout simplement une vision d'horreur. Une fausse note à éviter absolument.

8. **Des cheveux gras.** Si vos cheveux ont tendance à graisser, il vous faut absolument utiliser des soins appropriés qui vont permettre de régulariser la production de sébum.

9. **L'over make-up.** En matière de beauté, le too much est rarement de bon goût.

10. **Trop de parfum.** Vous pensiez l'envoûter avec cette senteur ambrée, mais si ça se trouve, vous allez l'écœurer. Le parfum, c'est very subjectif...

PARCE QUE VOUS LE VALEZ BIEN : MÉLI-MÉLO D'ASTUCES DE PROS

RUSES EN TOUS GENRES RÉCUPÉRÉES AUTOUR DE PROS DE LA BEAUTÉ

* CORPS

L'autobronzant, par effet d'optique, atténue les imperfections... vous savez maintenant comment dire bye-bye à la cellulite, et ciao aux vilaines vergetures...

Pour faire paraître son décolleté plus généreux, rien de tel que de le saupoudrer de nacres blanches pour une peau claire et de nacres dorées pour les peaux plus foncées.

Terminer sa douche par un jet d'eau froide, c'est hard mais tout bénef : ça active la circulation sanguine (fini les jambes poteaux) et ça tonifie la peau.

Un mariage en vue, une robe de cocktail à porter, un corps couleur lavabo et trente secondes pour résoudre le problème ?
On dégaine une huile pailletée qu'on applique sur les jambes, le décolleté et les épaules.

En finir définitivement avec la peau de croco sans se ruiner ?
Tartinage chaque matin du corps avec du beurre de karité. Méga-hydratant, hyper-assouplissant et très économique.

✳ CHEVEUX

Le look « beach babe » avec un décoiffé subtil en plein mois de mars à Lille, c'est facile : vaporisez un peu d'eau salée sur cheveux humides et laissez sécher au grand air.

C'est vieux comme le monde, mais on n'a pas trouvé mieux pour **booster la brillance** : appliquez le jus d'un citron dilué avec de l'eau sur l'ensemble de la chevelure et rincez à l'eau froide.

À l'instar de la crème de nuit qu'on applique avant d'aller se coucher, on pose sur ses cheveux, s'ils sont archi-secs, **un soin nourrissant** et on laisse agir toute la nuit.

Séchez les cheveux gras avec de l'air froid, car la chaleur excite grandement les glandes sébacées (qui n'ont pas besoin de ça !).

Envie d'une légère éclaircie à l'approche du printemps ? Faites bouillir un litre d'eau avec une quarantaine de fleurs de camomille et le jus d'un demi-citron. C'est une recette de grand-mère qui fonctionne !

* MAKE-UP

Troquer son teint blafard contre une bonne mine en moins d'une minute chrono ? Jouable : on applique un peu de poudre de soleil et on l'applique sur les zones bombées du visage, là où le soleil tape (front, nez, pommettes, menton).

Une bonne soirée rime souvent avec matin difficile. Pour défatiguer le regard, on dépose un peu de fond de teint sous les yeux et un peu de lumière avec un stylo éclat. On fait diversion avec un teint healthy et des joues roses.

Si vous avez envie de rendre vos lèvres plus pulpeuses, sans vous prendre pour Pamela Anderson (et encore moins pour Donald), choisissez un gloss nacré au fini très laqué. Appliquez-le sur l'ensemble des lèvres et insistez sur le centre.

Pour arborer un teint lumineux (parce que ça change tout !), on mélange deux tiers d'embellisseur de teint et un tiers de fond de teint sur le dos de la main et on applique par touches sur le visage en étirant du centre vers l'extérieur.

La mine healthy comme après une balade au grand air, rien de plus facile : on dépose sur le haut des pommettes une vraie couleur lumineuse comme un corail ou un rosé (surtout pas de demi-teintes).

LE B.A.-BA D'UN MAKE-UP RÉUSSI

Hydrater correctement sa peau avec un soin adapté : si elle est sèche ou trop grasse avant la pose du make-up, ce ne sera pas joli. Misez sur des yeux forts ou des lèvres soutenues, jamais les deux.

Afficher un teint unifié : l'erreur est de choisir un fond de teint trop foncé pour vouloir réchauffer la carnation ; l'effet sera inverse et votre mine, plombée.

Avoir une mine healthy : pour cela, pas la peine de forcer sur le blush, sinon gare à l'effet poupée russe ; pour l'appliquer correctement, souriez devant votre miroir et balayez le haut des pommettes.

Planquer les imperfections, mais pas sous une couche trop épaisse, sinon on les repérera direct.

Avoir le bon matos en bon état. Si vos pinceaux sont clairsemés et votre bâton de rouge réduit à néant, ce sera difficile d'espérer quoi que ce soit.

Être soi-même. Même si vous osez du plus glamour, se maquiller n'est pas se grimer. Pour qu'un make-up soit réussi, il faut qu'il vous ressemble.

Bien se démaquiller c'est vital (le dernier coton doit être propre). À la clé : une peau débarrassée de ses impuretés et mieux oxygénée. Dans le cas contraire : teint terne, irritation, points noirs... Et ça, aucun make-up du monde n'y pourra rien.

* LISTE DE COURS DE MAKE-UP PARIS ET PROVINCE

M.A.C Cosmetics

Des adresses à Paris, Cannes, Bordeaux, Aix, Lyon, Rennes...
Un(e) make-up artist (toujours très sympa de l'avis de toutes) vous explique comment appliquer les produits et vous maquille d'un côté du visage. Pour le second côté, c'est à vous de jouer et de voir si vous avez bien retenu la leçon...
Comptez environ 86 € le cours, vous bénéficiez ensuite de 20 % de réduction sur vos achats en boutique (nullement obligatoires).

Make-up School Make-up For Ever Sephora

Deux formules : les cours focus sur une partie du visage (dégradé des yeux, bouche...) qui durent vingt-cinq minutes et coûtent 25 €, ou un cours plus complet d'une heure (60 €).
En exclusivité à Paris au Sephora des Champs-Élysées, avec ou sans rendez-vous.

Nocibé

Une heure de cours particulier où l'on apprend aussi à bien soigner sa peau pour la préparer à recevoir le maquillage. Cette leçon assez basique est parfaite pour les débutantes, il ne vous resta qu'à trouver les textures et les couleurs qui vous subliment.

L'heure de cours coûte 49 € et votre prof vous oriente ensuite si vous le voulez sur des lignes de make-up qui correspondent à votre budget. www.nocibe.fr

* AUTRES BONS PLANS

Renseignez-vous dans les grands magasins près de chez vous : certaines marques de maquillage organisent parfois des leçons.
Si vous n'avez pas le temps, ni les moyens, il existe sur You Tube de très bon tutos (comprendre tutorials) de make-up. Ce sont des leçons de make-up en vidéo step by step. Dispensés par des amatrices, dont certaines sont devenues des stars !

Les + connues :

Michelle Phan, www.youtube.com/user/MichellePhan

Kandee Johnson, www.kandeethemakeupartist.blogspot.com, www.youtube.com/user/kandeejohnson

Makeup Geek, www.makeupgeek.com

Lauren Luke, www.youtube.com/user/panacea81

Enfin, si vous ne savez pas quoi vous faire offrir à votre prochain anniversaire, certains coffrets cadeaux proposent des leçons de maquillage.

UN CORPS DE RÊVE

Courir deux heures ou nager trois kilomètres, c'est décidément pas votre truc... Jetez plutôt un œil sur ces nouvelles disciplines à la fois trendy, fun et rudement efficaces pour tonifier sa silhouette.

* JUMP FIT

La corde à sauter n'est plus réservée aux petites filles ! Sur un son très punchy, on enchaîne les sauts à la corde et les mouvements de fitness. Un cours se décompose en dix rounds de trois minutes chacun avec une minute de récupération (passive ou active) entre les deux. Dès qu'on commence à bien sauter (on reste souple et on ne s'écrase pas sur le sol), les bénéfices se font sentir très rapidement. Jambes plus toniques, meilleur gainage abdominal, silhouette qui s'affine et capacités cardio augmentées.

Céline, 27 ans : « Je me prends pour Hilary Swank dans Million Dollar Baby... »

Luce, 24 ans : « Je suis à fond, ça défoule, j'en sors vidée, mais j'en redemande. »

* AQUAPALMING

Très ludique et toujours en musique, ce cours mixe des mouvements d'aquagym et de natation. On alterne les changements de rythme, on varie les exos, on change de direction, bref, on se défoule pendant une demi-heure dans une ambiance très sympa. Les fessiers,

J'ai toujours
eu un côté
"fillette de 8 ans"...
Alors si en plus
ça me muscle !

les cuisses et les mollets font un gros boulot de renforcement musculaire et, à raison de deux séances par semaine, on voit des effets positifs dès deux mois. Cerise sur le gâteau : les mouvements d'oscillation agissent comme un hydro-massage sur les membres inférieurs et permettent d'atténuer la peau d'orange.

Prune, 31 ans : « C'est tonique et très complet. Mes courbatures du lendemain ne laissent pas de doute sur l'efficacité. »

Mia, 28 ans : « J'aime le sentiment de légèreté que l'eau procure, je me sens comme une sirène avec mes petites palmes. »

✳ JUKARI FIT TO FLY

Se muscler entre deux éclats de rire, franchement on en rêvait ! Ici les séries de mouvements sont réalisées à l'aide d'un trapèze (réglable en fonction de la taille du participant) de 2 kilos, spécialement conçu pour cette discipline et suspendu au plafond.
S'inspirant des chorégraphies du Cirque du Soleil, on enchaîne les abdos, des exos pour les dorsaux, des étirements et toutes sortes de figures acrobatiques avec grâce et sans le moindre danger.
On kiffe cette partie de cochon pendu qui nous ramène en enfance.

Emmanuelle, 25 ans : « C'est bon enfant, on s'amuse, et moi, je réalise un peu un rêve de petite fille en étant trapéziste... »

Aurélie, 34 ans : « Il ne faut pas oublier de dire qu'on muscle ses zygomatiques aussi. Voir les autres dans de drôles de positions, ça fait toujours son effet ! »

* ZUMBA

C'est la nouvelle discipline qui cartonne ! Venu de Colombie, ce sport associe danse, fitness et aérobic sur des sons latinos festifs (salsa, merengue, flamenco...). On alterne rythme lent et rythme plus soutenu avec pour seul mot d'ordre la bonne humeur ! Le rythme cardiaque est au top, les fesses se galbent, les cuisses et les mollets bossent dur, les abdos se renforcent et les bras aussi. Au bout d'une heure, on sort lessivée mais happy de s'être si bien amusée.

Sophie, 21 ans : « C'est super joyeux et entraînant, en plus de rendre service à la silhouette, ça vide la tête et ça dope le moral. »

Émilie, 19 ans : « Ça fait trois mois que je pratique et je suis accro ! Ça donne du peps et je me lâche complètement. »

10 PRODUITS DE BEAUTÉ CULTES

S'il n'y en avait que dix, ce seraient eux ! Ils vous sauveront la mise !

Touche Éclat, Yves Saint Laurent. C'est quoi ? Une baguette magique ! Cet illuminateur et correcteur peut à lui seul zapper les traces de fatigue, éclairer le teint, flouter les défauts, réveiller le regard...

Terracotta, Guerlain. C'est quoi ? Une poudre bronzante qui permet d'avoir une bonne mine naturelle été comme hiver sans s'exposer, une révolution en soi.

Pâte grise, Payot. C'est quoi ? Une solution miracle qui assainit la peau et fait disparaître les imperfections en une nuit chrono.

Crème de 8 heures, Élisabeth Arden. C'est quoi ? Un baume ultra-hydratant. Elle soulage gerçures, brûlures et toutes sortes d'égratignures.

Huile Prodigieuse, Nuxe. C'est quoi ? Un cocktail d'huiles qui nourrit, répare et chouchoute la peau (visage et corps) et les cheveux. Cette brume sèche illico et possède un parfum mythique.

Huile de Palme, Leonor Greyl. C'est quoi ? Un bodyguard pour les cheveux ! Elle protège, assouplit et répare la chevelure ; elle est indispensable en été.

Mascara Great Lash, Gemey Maybelline. C'est quoi ? Un mascara doté d'une petite brosse qui allonge et épaissit les cils de façon naturelle.

Rouge Allure, Chanel. C'est quoi ? Des rouges crémeux, des couleurs éclatantes, un packaging très chic. L'assurance d'une bouche sans fausse note.

Fard Pastel, Bourjois. C'est quoi ? Un fard sec qui colore les pommettes en subtilité. La palette de teintes dans laquelle il se décline est impressionnante.

Basic 3 temps, Clinique. C'est quoi ? Un programme sur mesure pour la peau, avec nettoyant, exfoliant et hydratant.

* ET VOUS, VOS PRODUITS CULTES, C'EST QUOI ?

Mon shampooing préféré :

....

Mon blush idolâtré :

....

Mon mascara chéri :

....

Ma crème hydratante fétiche :

....

Mon fond de teint vénéré :

....

Mon démaquillant adoré :

....

DÉCOUVREZ VOTRE TYPE DE MORPHOLOGIE

Votre morphologie est inscrite dans votre ADN : rien ne sert d'aller contre, ce serait un échec cuisant. À moins de vous scier les os (ce qu'on ne vous conseille qu'assez moyennement), le mieux est encore de prendre parti de votre silhouette et de ruser pour la valoriser.

* SABLIER

= Un bel équilibre entre les épaules et les hanches, une taille fine. La silhouette est musclée.

People : Kelly Rowland, Gisele Bundchen, Halle Berry.

Le bon look : Veinarde, vous pouvez tout vous permettre, et n'oubliez pas de souligner votre taille. Un sans-faute ? Un sarouel avec un tee-shirt près du corps.

* 8

= Des épaules arrondies, une taille fine mais de la poitrine et des hanches. C'est le canon de l'idéal féminin, une silhouette plantureuse.

People : Monica Bellucci, Scarlett Johansson, Beyoncé.

Le bon look : Tout est permis ! Vous voulez faire un malheur ? Une robe bustier courte et des escarpins à talons hauts.

✳ PYRAMIDE

= Les épaules sont étroites, mais la taille et les hanches sont plus larges. C'est une silhouette que l'on retrouve souvent.

People : Jennifer Lopez, Kristin Davis, Amel Bent.

Le bon look : Le but, c'est de dissimuler vos hanches et de mettre en avant vos épaules. Optez pour des vestes à épaulettes, des cols en V, cols bateau, les pulls un peu longs portés avec une ceinture, les pantalons et jupes droites.

✳ PYRAMIDE INVERSÉE

= Les épaules sont larges et carrées alors que les hanches sont menues. Cette silhouette un peu masculine est celle de pas mal de sportives.

People : Anna Kournikova, Pink, Katherine Heigl.

Le bon look : On casse le côté masculin en minimisant les épaules et en valorisant les hanches. C'est bon pour vous : jeans taille basse (comme le boyfriend), pantalons type baggy, jupes longues. On jette les doudounes : trop de volume aux épaules.

✳ OVALE

= Les épaules sont fines et les hanches un peu plus rondes.

People : Alicia Keys, Ingrid Chauvin.

Le bon look : Il s'agit d'étoffer vos épaules et de camoufler légèrement vos hanches. Foncez sur les pulls à grand col, les jupes droites, les pantalons sans poches, les blousons à capuche.

* RECTANGLE

= Épaules, taille et bassin sont alignés dans les mêmes proportions. Souvent, la silhouette est longiligne et la poitrine menue.

People : Paris Hilton, Kate Moss, Audrey Tautou.

Le bon look : Il faut féminiser cette silhouette androgyne en misant sur la taille. Les jupes trapèzes, les cache-cœurs, les grosses ceintures et même les pantacourts sont parfaits.

* RONDE

= La taille est peu marquée, mais les rondeurs sont joliment réparties sur le ventre et les fesses. C'est une silhouette voluptueuse.

People : Liv Tyler, Chimène Badi.

Le bon look : On évite à tout prix le stretch et autres matières moulantes et on privilégie les matières fluides. À vous les tuniques, chemises longues et pantalons évasés. OK, les couleurs sombres affinent, mais pas de dressing de veuve corse pour autant !

FAIRE PREUVE **DE GOÛT...**

- En fringues, **privilégiez les jolies matières** (la soie, le cachemire, le lin, le plumetis...) et bannissez tout ce qui est doté d'une étiquette « keep away from fire », autrement dit l'acrylique (vous étiez au courant qu'en plus on transpire comme un bœuf avec ce genre de vêtements ?)...

- **Porter des couleurs**, on dit oui ; assembler n'importe quoi sous prétexte d'être originale et ressembler à un perroquet, on dit non !

- **La mode est au mini-short ?** Foncez si vous mesurez plus d'1,65 m et êtes plutôt svelte. Dans le cas contraire, optez plutôt pour un short taille haute qui affinera votre taille et vous donnera une allure plus élancée... Il y a toujours moyen de rester tendance en s'adaptant.

- **Accessoirisez au max' vos tenues**, c'est ce qui fera de vous une vraie fashionista. Un tee-shirt blanc ? OK, mais avec un gros collier pour le réveiller. Un jean tout simple ? OK, mais avec un top doré pour lui apporter une touche chic et choc.

- **Mais la règle la plus importante**, c'est de porter des fringues qui vous plaisent et dans lesquelles vous vous sentez à l'aise et vous-même (être déguisée, c'est chouette... dans les soirées déguisées !).

✳ JE ME SENS NULLE, JE NE SAIS PAS PAR OÙ COMMENCER

Pourquoi pas faire appel à un coach ? C'est un investissement de départ, mais une fois que vous aurez intégré tous ses conseils et bien pigé ce qui vous met en valeur, c'est pour la vie ! Affirmer sa personnalité à travers ses vêtements et son look d'une façon générale, c'est tout simplement affirmer son image, ce qui est gratifiant, et en plus bon pour la confiance en soi et diablement séduisant. Trouver les coupes qui vous font une silhouette canon, les couleurs qui ravivent votre mine même en février et les matières pensées rien que pour vous, ça peut changer pas mal de choses. Au-delà des considérations modesques, se sentir à l'aise avec son image et en adéquation avec sa personnalité, c'est vraiment le gros lot.

L'avantage de travailler avec un coach, c'est son regard objectif : il ne vous connaît pas et n'a pas d'a priori sur vous. Selon votre personnalité, vos goûts, vos attentes et vos contraintes, il va donc pouvoir vous proposer des pièces auxquelles vous n'auriez peut-être même pas pensé ou alors que vous auriez censurées. En résumé, son job, c'est de vous aider à vous révéler.

Pour un coaching mode, la plupart des pros proposent une analyse de votre dressing. Il s'agit là de faire le tri pour repérer les pièces bien choisies, se séparer de celles qui ne vous mettent pas en valeur, d'accessoiriser les pièces sympas mais un peu fades, et de créer des mixes pour coordonner vos vêtements. Il repère aussi ce qui vous fait cruellement défaut et vous conseille pour vos achats futurs. L'autre partie (parfois proposée en un package), c'est de vous accompagner pour votre séance shopping afin de vous faire essayer des nouvelles tenues et de vous conseiller. Souvent, il aura effectué des repérages et aura une présélection de vêtements à vous proposer.

Pour un coaching beauté, c'est sensiblement la même chose. On regarde de près le make-up dont vous disposez et votre façon de vous maquiller pour, ensuite, vous orienter. On apprend ainsi quelles couleurs de fard quelles sont flatteuses, comment planquer ses défauts et miser sur ses atouts avec séance de travaux pratiques à l'appui. C'est aussi le moment d'oser des maquillages différents, notamment plus sophistiqués pour le soir.

ASSURER SUR TOUTE LA LIGNE ! ***

L'esprit bombesque, c'est un méli-mélo de petits détails : un appart canon, un fort capital sympathie, des bonnes trouvailles à la pelle, une gentillesse connue et reconnue... Les Américains diraient que c'est un way of life, et c'est un peu ça...

TEST DANS QUEL ÉTAT D'ESPRIT ABORDEZ-VOUS LE QUOTIDIEN ?

Joviale, ronchon ou borderline, laquelle êtes-vous ?

1. Le réveil sonne...

★ Vous traînez encore une vingtaine de minutes et vous levez à la dernière minute.

♦ Vous vous octroyez dix minutes de répit et vous levez ensuite comme une fleur.

✤ Aaaargh pff misère calvaire.

2. Vous arrivez à la cantine, et absolument rien ne vous tente...

♦ Vous décidez de vous faire plaisir malgré tout et embarquez votre collègue au restau.

★ Vous vous dites que ce sera mieux demain.

✤ Vous restez et avalez des pâtes trop cuites à l'huile, et une tranche de jambon verte.

3. On vous bouscule dans le métro...

♦ Vous levez les yeux au ciel, mais ça ne vous atteint pas.

★ Vous râlez et ça vous énerve un petit moment.

✤ Vous êtes de mauvaise humeur pour la journée.

4. Vous êtes à découvert...

★ Vous ne dépensez plus un sou jusqu'à la fin du mois (chauffage éteint la nuit et raviolis du lundi au vendredi).

♦ Vous faites attention et multipliez les plans malins (soirée pasta chez moi au lieu du restau branché).

✤ Vous déprimez et sortez vous offrir un sac à main pour vous consoler (il l'aura bien cherché cette saleté de banquier...).

5. Votre homme est ronchon...

♦ Vous tentez une approche pour le faire rire.

✤ Vous lui hurlez dessus, vous aussi vous avez le droit d'être de mauvaise humeur !

★ Vous le laissez tranquille dans son coin.

6. Vous avez un gros rhume et un dîner entre amis prévu...

★ Vous y allez, mais vous pestez contre le nez qui coule.

✤ Vous restez au fond de votre lit et envoyez « malade » par SMS à vos amis.

♦ Vous vous blindez de médocs, passez voir vos amis à l'apéritif et leur expliquez que vous devez rentrer vous reposer.

7. Vous aviez repéré une veste dans une boutique et demandé à la vendeuse de vous la mettre de côté, ce qu'elle n'a pas fait...

✤ Vous lui tapez un scandale.

★ Vous êtes triste ; cette veste, il vous la fallait.

♦ Vous êtes déçue et partez immédiatement à la conquête d'une autre veste (ou d'une bricole compensatrice).

8. Votre plat arrive froid au restaurant...

♦ Vous renvoyez poliment votre plat pour qu'il soit réchauffé.
★ Vous alpaguez haut et fort le serveur.
✤ Vous refusez net l'addition.

9. Une copine obtient le job de ses rêves...

✤ Vous trouvez qu'elle ne le mérite pas tellement.
★ Vous la félicitez, mais au fond vous la jalousez.
♦ Vous êtes sincèrement contente pour elle.

10. Vous vous êtes pris la tête avec votre sœur...

♦ Ça vous fait de la peine et c'est vous qui rappelez en premier.
★ Ça vous embête, mais vous ne la rappelez pas.
✤ Vous attendez des excuses, point barre.

RÉSULTATS...

Vous avez une majorité de ★
···› il en faut peu pour vous irriter...
Vous voulez bien prendre la vie du bon côté, mais il faut que tout se passe comme vous le voulez. Si un grain de sable vient enrayer la mécanique, vous avez tendance à mal le prendre. Keep cool, la vie a ses imprévus et c'est ce qui fait son charme...

Vous avez une majorité de ♦
···› vous prenez résolument la vie du bon côté.
Vous ne ratez pas une occasion de vous faire plaisir, et êtes heureuse de vivre. Vous insufflez une bonne énergie aux gens qui vous entourent. Continuez, c'est sans doute ainsi que la vie vaut la peine d'être vécue !

Vous avez une majorité de ✤
···› vous ne seriez pas ascendant ours, par hasard ?
Un rien vous rend ronchon et vous vous sentez vite persécutée ! Ce côté désabusé pourrait lasser et vous contraindre de vous recroqueviller encore plus sous votre carapace.

FAMILLE, **JE VOUS AIME**

La fille fâchée à mort avec toute sa famille c'est pas très sexy, celle qui est tout le temps fourrée chez papa-maman, non plus. Appeler sa mère quatre fois par jour, ça peut même être un peu effrayant aux yeux d'un mec.

Le bon deal, c'est de tenir sa famille à une distance acceptable et raisonnable. Vous vivez votre vie de grande fille qui sait ce qui est le mieux pour elle et qui peut prendre des décisions. Cette adulte a parfois besoin de conseils ou d'avis et alors elle se tourne vers sa famille. Pas de droit d'ingérence en vue, et tout le monde est content. Ne pas laisser ses parents empiéter sur sa vie privée, ça ne veut pas dire les exclure et encore moins s'éloigner d'eux, c'est juste établir un espace entre eux et vous. Que cela ne vous empêche pas de leur manifester votre amour et votre affection, car pour embrasser sa mère ou faire un câlin à son père, il n'y a pas d'âge la tendresse n'est jamais ridicule. Avoir de bons rapports avec sa famille, c'est aussi dire ce que l'on pense et exprimer ses désaccords s'il y en a sans avoir peur de se faire gronder. Vous n'êtes plus une petite fille, vous avez le droit de penser différemment et de le dire. Mais le bonheur en famille, c'est aussi parfois de savoir arrondir les angles et être diplomate...

UN APPART BOMBESQUE

Même si vous n'habitez ni un loft de 120 m² à Manhattan ni un hôtel particulier rive gauche, il y a moyen que des « waouh » sortent de la bouche de vos visiteurs lorsqu'ils pénètrent dans votre nid douillet...

Trendy et cosy, c'est le bon mix ! Le canapé taché, les draps troués et le papier peint de mémé, c'est hors de question. On les change illico, et si on n'a pas les moyens, on bricole (une jolie pièce de tissu pour recouvrir le canap', une paire de draps chez le géant suédois, un rouleau de papier uni qui donnera un coup de neuf...). Un intérieur ravissant, ce n'est pas forcément casser son PEL dans de grandes enseignes, c'est dénicher des objets et meubles sympas, qui s'accordent avec les couleurs des murs pour créer une ambiance (asiatique zen, Laura Ashley ou pop, ça c'est vous qui voyez !).

Si vous n'y connaissez rien en déco et vous demandez si le bouddha rapporté de Thaïlande fera un mariage heureux avec la lampe Kartell shoppée boulevard Saint-Germain, le mieux c'est encore de demander conseil soit à un vendeur dans un magasin spécialisé, soit à un coach déco (le Net fourmille d'adresses).

LES PETITS DÉTAILS POUR AMBIANCER

Un éclairage soigné (rien de plus atroce qu'une lumière trop crue), des photos (ça fait vivre un appartement), des rideaux qui vous protègent du vis-à-vis mais laissent passer la lumière, des coussins moelleux et confortables (surtout si le canapé ne l'est pas trop), une vaisselle dans le même camaïeu que votre salle à manger (les murs verts et les assiettes orange, bof, bof), des cadres (ça dévoile vos goûts, ça humanise), des petites bougies (toujours un maxi-effet pour un mini-prix)...

···➤ **Dernier détail qui a son importance :** votre appart doit être propre ! Qu'il soit un peu en bordel, passe encore (tant qu'on ne porte pas de casque spéléo pour se rendre à la cuisine, c'est OK). Par contre, si vos convives sont obligés de repousser la boîte de pizza pour s'asseoir sur le canapé, si on vous demande combien vous avez d'animaux à la maison alors que vous n'en avez pas, ou encore vous avez l'impression qu'il fait tout le temps gris mais qu'en fait, c'est juste que les fenêtres sont sales, il est grand temps d'agir !

UNE MAMAN PEUT-ELLE **ÊTRE UNE BOMBE ?**

Quand on a de la purée de carottes dans les cheveux, des cernes jusqu'aux genoux et des traces de mains poisseuses sur la robe, on se pose parfois des questions... Et puis heureusement, on pense à Angelina Jolie, Heidi Klum, et Gisele Bünchen ; on les imagine courir derrière leur progéniture, sur la plage, cheveux au vent, maillot deux pièces qui ne laisse entrevoir aucun stigmate de grossesse et sourire radieux... et là on se dit, elles peuvent le faire, nous aussi !

* COMMENT LIMITER LA CASSE

* LES KILOS APRÈS LA GROSSESSE

C'est peine perdue et limite dangereux de vouloir s'en débarrasser trois jours après l'accouchement. Votre corps a subi une sacrée épreuve durant la grossesse qui s'est achevée par un marathon final conduisant à la naissance de votre progéniture, il serait sage et sympa de le laisser tranquille un petit moment. Poursuivez vos efforts en matière d'équilibre alimentaire, car votre corps est fatigué et a besoin de ressources pour récupérer. Légumes, poisson, laitages, fruits, il est important de piocher dans tous les groupes pour retrouver au plus vite sa forme et ne pas risquer de carence. Dans tous les cas, n'entamez pas de régime avant le retour de couches. Quant au sport, c'est seulement une fois la rééducation périnéale (au moins six semaines après l'accouchement) terminée que vous pourrez reprendre (progressivement, ça va de soi…). En attendant, quelques balades avec bébé vous permettront de vous oxygéner et suffisent à ce stade.

✳ LES CERNES

Votre mignon bébé se réveille à 1 heure du matin, puis à 4 heures, puis à 7 heures dans le meilleur des cas ? À ce rythme-là, des cernes dont vous ne soupçonniez même pas la profondeur font leur apparition et vous semblent inexorables puisque le répit, c'est… jamais ! Si la fatigue chronique est un vrai problème, les cernes, non, grâce à l'anti-cernes !

Un conseil : choisissez-le minutieusement avant l'arrivée de bébé et constituez un stock conséquent.
On le choisit un demi-ton plus clair que sa carnation afin qu'il camoufle le cerne (trop clair ou trop foncé, il le fera ressortir). Le bon geste pour l'appliquer : on le dépose après le fond de teint, sur tout le cerne en partant du coin interne et en remontant vers l'extérieur, puis on tapote légèrement avec le bout du doigt pour estomper. Autre bon plan : les soins et patchs contour des yeux, ils ne font pas de miracles si vous n'avez pas fermé l'œil depuis trois jours mais rendent quand même de sacrés services.

✳ LES CHEVEUX

Ils sont à la fête pendant la grossesse : brillants, soyeux, sains et costauds. En fait, ils sont dopés par les hormones. Après l'accouchement, c'est une tout autre chanson et la brutale chute hormonale les rend ternes, cassants, provoquant même une perte par poignées.

La parade : utiliser des shampooings doux, les brosser doucement, éviter sèche-cheveux, soleil, colorations et autres traitements chimiques. Et enfin forcer sur la vitamine A et B (on trouve la A dans les légumes verts et les laitages, et la B dans les céréales, la levure, le pain complet...). Si la situation est franchement critique, demandez conseil à un pharmacien pour entamer une cure de complément alimentaire destinée à rebooster votre potentiel capillaire.

VITE FAIT, **BIEN FAIT**

Tout le monde le sait, une jeune maman est débordée et a d'autres priorités que de s'occuper d'elle. Pourtant certains petits gestes ne prennent que quelques minutes et vous aideront à vous sentir plus jolie et donc mieux dans votre peau.

* Halte aux bonnes habitudes, attrapez un rasoir pour éliminer en quelques minutes tous les poils qui font de vous un yéti. Peau douce, on se sent tout de suite plus désirable.

* Deux fois par semaine, remplacez votre gel nettoyant visage par un léger gommage, exit les cellules mortes, bienvenue le teint frais. Faites de même pour le corps en troquant votre gel douche contre un scrub.

* Une fois par semaine, faites-vous un masque hydratant, booster d'éclat, purifiant (bref, ce que vous réclame votre peau), et laissez-le poser le plus longtemps possible.

* Chaque matin après la douche, tartinez-vous d'un lait hydratant costaud (optez pour une texture fluide plus facile et rapide à étaler).

* Même si vous n'avez que deux minutes à y consacrer, prenez le temps de vous maquiller. On ne vous dit pas de réaliser un smoky eye, ni une bouche hollywoodienne, mais juste de planquer vos cernes, d'appliquer une lichette de fond de teint, un soupçon de blush, et vous aurez déjà une bien meilleure mine. Et soyons folles, rajoutez un brin de lipstick si vous allez au square !

ASTUCES DE JEUNES MÈRES
POUR RESTER BELLES !

* « Je me fais poser un masque anti-grise mine pendant que j'allaite ; une vingtaine de minutes, c'est pile le bon timing. Mes copines n'en reviennent pas de tant d'éclat. »
Amélie

* « Quand Poussinou joue dans son parc, je sors mon tapis d'exercices, je me mets à côté et j'enchaîne quelques exercices ciblés pour les abdos, les cuisses et les fesses. Ça la fait beaucoup rire de voir sa maman ainsi, et moi, en quatre mois, je retrouvais mon jean d'avant grossesse. »
Célia

* « Je suis une flemmarde et je n'ai jamais aimé le sport. Quand j'ai vu six mois après l'accouchement l'état de mon ventre, je devais dégainer un plan Orsec… Je l'ai trouvé dans un pack d'électro-stimulation : je me pose des électrodes là où c'est tout mou, et hop mes muscles bossent tout seuls. »
Léa

* « Quand Paul a commencé à diversifier son alimentation, je me suis calquée sur ses nouvelles habitudes. Purée de courgettes pour moi aussi, compote de pommes, tranche de jambon... Je me suis vite rendu compte que c'était plus sain que les plats cuisinés tout prêts que j'achetais et que finalement, quitte à éplucher une carotte, ça ne prend pas beaucoup plus de temps d'en éplucher trois ou quatre... »
Céline

* « Chaque matin, je me maquille légèrement même si je ne sors pas beaucoup de chez moi, car bébé est tout petit ; ça ne prend que trois minutes, mais je trouve ça plus avenant que d'offrir à ma puce un visage dévasté par la fatigue. »
Laurence

* LES TRUCS VRAIMENT CANON CHEZ UNE MAMAN

* Elle est épanouie...
* Elle affiche un vrai corps de femme, de la générosité, des rondeurs, bref surtout beaucoup de sensualité...
* Elle regorge de confiance en elle...
* Elle dégage un sentiment de plénitude...
* Elle est sereine, ses traits sont apaisés...
* Elle a (enfin) de la poitrine et collectionne les cache-cœurs et les tops en V...
* Sa peau est super douce...

L'APANAGE DE LA JEUNESSE ?

Bonne nouvelle : on peut encore être considérée comme une bombe passé 26 ans et demi… Il n'y a qu'à voir la montée en puissance des cougars, emmenée par la pétillante quadra Courtney Cox ou l'attractivité d'une Kim Catrall sur la gent masculine…

✳ LES BEAUTY TIPS POUR PARAÎTRE PLUS JEUNE

- Ajoutez du rose à votre teint (soit en mélangeant fond de teint et enlumineur, soit avec du blush ou du rose en final touch).

- Une vraie femme, peut porter des vraies couleurs sur les lèvres. Vive l'éclat, mais on oublie le contour qui peut ficher un bon coup de vieux.

- On ne sort jamais sans mascara : plutôt allongeant et recourbant, il agrandit l'œil, et ça, c'est des années en moins. Par contre, on n'en dépose jamais sur les cils du bas sous peine de tout plomber.

- Prenez soin de vos cheveux, leur aspect doit être super sain.

- La coupe courte coiffé-décoiffé bien effilée, c'est très féminin et plein de peps.

- Un trait de khôl brun au ras des cils, ça défatigue illico le regard.

- Vos sourcils ne doivent être ni clairsemés ni trop foncés : redessinez-les en hachurant au crayon pour un résultat plus naturel.

TIPS LOOK

- **N'hésitez pas à mixer votre dressing** (veste de tailleur + jean par exemple), car le total look vieillit.

- **Remisez les pièces trop teenagers** (la veste en jean, par exemple) si vous avez passé l'âge, sinon gare à l'effet vieille peau qui veut se la jouer djeuns !

- **Ayez toujours sur vous un foulard d'une teinte poudrée**, imparable pour donner bonne mine.

- **Foncez sur le casual chic :** oui aux jeans mais avec un cachemire, un joli chemisier, un top en soie (et pas un tee-shirt déchiré du Festival des vieilles charrues).

- **On se tient droite** (dos voûté = + 15 ans) et on marche d'un pas léger, tête haute comme si un fil invisible vous tirait.

- **Vive les accessoires**, ils personnalisent une tenue et lui donnent une touche de fantaisie. On en change souvent et on évite le côté trop luxe qui vieillit et flanque un côté dadame.

- **Portez des cols cheminée**, des cols bateau ou en V (mais bannissez les cols roulés), c'est féminin et élégant.

TÉMOIGNAGES D'HOMMES QUI TROUVENT LES FEMMES MÛRES PLUS SÉDUISANTES

* « J'ai 30 ans et je trouve les femmes de 40, et plus, carrément resplendissantes. »
Benjamin

* « Ce côté à la fois rassurant et expérimenté de la femme un peu plus âgée, c'est super tentant. »
Nicolas

* « Elles sont à mi-chemin entre assurance et fragilité, je trouve ça très touchant et aussi pas mal sexy. »
Grégoire

* « Sexuellement, c'est juste waouuuh... Elles n'en sont plus au stade des expérimentations et savent comment ça fonctionne de notre côté mais aussi du leur... »
Alexis

* « C'est commun, mais étant ado, je craquais sur la mère d'un pote, la quarantaine particulièrement pimpante. J'aurais tout donné pour lui faire l'amour au moins une fois. »
Teddy

JUSTE **QUELQU'UN DE BIEN...**

Une fille fiable, vraiment sympa, désintéressée et attentionnée envers ses amis, c'est la cerise sur le gâteau. Que ce soit pour nourrir le chat pendant les vacances ou consoler après un gros chagrin, l'esprit bombesque, c'est d'être dispo pour ses amis. Attention de ne pas être non plus bonne poire, beaucoup moins sexy...

* ET D'AILLEURS POURQUOI DIT-ON « ÊTRE UNE BONNE POIRE » ?

Depuis longtemps, une poire, c'est quelqu'un qui se laisse facilement duper. Par extension, la « bonne poire », c'est celui qui tombe dans le piège de l'abuseur, comme le fruit bien mûr tombe de l'arbre...

MINI-TEST

ÊTES-VOUS UNE BONNE POIRE ?

1. Combien de déménagements avez-vous aidés au cours de ces douze derniers mois ?

★ Aucun.
♦ Un ou deux.
✤ Plus de cinq.

2. Myriam vous appelle à 23 h 45 pour vous conter un énième rebondissement dans son histoire avec Éric...

♦ Vous répondez, mais au bout d'une demi-heure, vous n'avez pas peur de lui dire que vous allez raccrocher, car vous êtes crevée.
✤ Vous répondez et écoutez jusqu'à ce que Myriam ait vidé son cœur (tant pis s'il est 3 heures du mat' et si vous bossez demain).
★ Vous ne décrochez pas, c'est toujours la même histoire et demain ils seront à nouveau in love.

3. Au supermarché, une mamie passe devant vous...

★ Vous repassez devant en lui indiquant le sens de la queue.
♦ Vous lui dites que compte tenu de son âge, vous la laissez passer, mais que la moindre des politesses, c'est de demander.
✤ Vous ne dites rien.

4. Combien de kilomètres en plus de votre trajet vous est-il arrivé de parcourir pour raccompagner des amis non véhiculés après une soirée ?

★ Aucun, je ne suis pas chauffeur de taxi.

♦ Une vingtaine, mais ils m'avaient demandé avant si je pouvais les raccompagner.

✤ P't-être bien pas loin de cinquante, mais quand on aime, on ne compte pas.

5. Votre mec vous lâche au dernier moment pour une soirée potes improvisée :

✤ Vous lui souhaitez de bien s'amuser.

★ Vous lui faites la gueule jusqu'à nouvel ordre et il va falloir ramer (ou raquer) pour se faire pardonner.

♦ Vous lui dites qu'il aurait pu prévenir plus tôt mais que, pour cette fois-là, c'est OK.

RÉSULTATS

Vous avez une majorité de ★ : dans le genre intraitable, il y a vous... Pas de danger qu'on vous demande quoi que ce soit: à peine le début de phrase « est-ce que tu pourrais... » prononcé, vous rétorquez un « non » cinglant. Ça vaudrait peut-être le coup de se décontracter un peu et d'essayer d'être plus disponible pour vos proches. Savoir qu'on peut compter sur l'autre, ça fait quand même partie de ce qu'on recherche entre amis... D'autant que si un jour, vous avez un service à demander, il vaudrait mieux ne pas solliciter quelqu'un que vous avez déjà rembarré.

Vous avez une majorité de ♦: vous avez trouvé le bon deal, une certaine forme d'équilibre. Une bonne copine toujours prête à donner un coup de main mais qui sait poser des limites. Altruiste, vous pouvez faire preuve d'abnégation mais pas tous les quatre matins, ni pour n'importe qui. Vos amis le savent et vous apprécient à votre juste valeur.

Vous avez une majorité de ✤: désolée, mais vous êtes bonne poire ascendant reine des pommes ! Rien ne vous oblige à rendre toujours service à tout le monde, faites-vous apprécier pour vos autres qualités. N'ayez pas peur de refuser une faveur, de dire non ou de remettre les gens à leur place s'ils vous manquent de respect. Ce n'est pas pour ça qu'on vous aimera moins. Au contraire, une vraie gentille qui ne se laisse pas marcher sur les pieds, ça c'est la grande classe.

TEST QUELLE AMIE ÊTES-VOUS ?

1. Votre copine est malade…

★ Vous prenez de ses nouvelles régulièrement et demandez si vous pouvez rendre service.

♦ Vous vous installez chez elle pour être son garde-malade.

✤ Vous lui dites de vite se rétablir pour retourner faire la fête.

2. Vous êtes en vacances toutes les deux. Au bout de deux jours :

★ Vous rigolez comme des tordues en rebaptisant d'un sobriquet ridicule tous les autres touristes.

✤ Vous vous envoyez le marchand de beignets et la plantez un soir sur deux.

♦ Elle se tape le barman et vous ne pouvez plus rentrer dans la chambre quand vous voulez.

3. Sans raison apparente, votre copine vous agresse :

★ Vous lui demandez des explications sur son comportement.

✤ Vous l'envoyez bouler.

♦ Vous ne dites rien.

4. Elle s'est fait larguer :

★ Vous restez disponible et prenez de ses nouvelles.

✤ Vous l'aviez pourtant prévenue.

♦ Vous lui achetez des Kleenex et rayez la voiture de son ex.

5. Dans une boutique, elle craque pour une robe que vous trouvez horrible et demande votre avis :

♦ Vous mentez et dites que la robe est ravissante.
A ★ Vous dites que ce n'est pas votre style.
F ✤ Vous explosez de rire et la charriez sur son mauvais goût.

6. Elle vous présente son nouveau mec, vous n'accrochez pas du tout :

F ★ Vous attendez de mieux le connaître pour comprendre ce qu'elle lui trouve.
♦ Vous lui dites que vous le trouvez génial.
A ✤ Cash, vous lui exprimez votre bad feeling.

7. Elle vous demande de lui prêter votre voiture le week-end prochain alors que vous en avez besoin :

A F ★ Vous lui expliquez que ce n'est pas possible mais voyez si vous pouvez lui rendre service.
♦ Vous la lui prêtez quand même, vous ferez ce que vous avez à faire un autre jour.
✤ Vous lui dites NIET.

8. Que partagez-vous ensemble ?

A F ★ Des excellents moments et des passes plus difficiles.
♦ Ses états d'âme.
✤ Du fun, des sorties, de la rigolade à gogo.

RÉSULTATS

Vous avez une majorité de ★

···❖ Vous êtes une vraie bonne amie.

Celle sur qui on sait qu'on peut compter. Toujours prête pour faire les quatre cents coups, et toujours disponible quand on a besoin d'elle. Ce qu'on aime aussi chez vous, c'est votre franchise : capable de dire ce que vous pensez en mettant les formes pour ne pas non plus blesser. Bingo !

Vous avez une majorité de ♦

···❖ Vous êtes la réincarnation de Mère Teresa et aussi le faire-valoir de votre copine.

On se permet juste de vous rappeler que la définition de l'amitié, c'est une affection réciproque, et pas un sacrifice illimité d'une personne pour une autre. Si votre meilleure amie est aussi dévouée que vous l'êtes, ça roule, mais si ce n'est pas le cas, cherchez l'erreur...

Vous avez une majorité de ✣

···❖ Dans la cours de récré déjà, c'était toujours vous la princesse ou la maîtresse quand vous jouiez...

Ça n'a pas beaucoup changé et vous continuez d'imposer vos avis et votre façon d'être. Sacré tempérament, c'est sûr, mais à force de tourner autour de vous comme des satellites, vos copines finiront par s'éloigner. Partager, c'est quand même le B.A.-BA de l'amitié.

SI JE CUISINE, C'EST SEXY ?

Oui, oui, mille fois oui ! Besoin d'un chiffre ? Trois quarts des personnes considèrent que regarder quelqu'un qui cuisine, c'est séduisant. Si vous n'êtes pas Hélène Darroze, ce n'est pas grave, il suffit juste d'un peu d'imagination et de créativité.

L'idée : réaliser des plats rapides, easy et qui en jettent.
Si, c'est possible ! La preuve avec deux menus canon, originaux, fastoches et réalisables en moins d'une heure.

MENU 1

CARPACCIO DE SAUMON
+ MAGRET DE CANARD ET MÂCHE AUX POIRES
+ SALADE EXOTIQUE AUX FRUITS DE LA PASSION

CARPACCIO DE SAUMON

Difficulté : facile
Préparation : 15 minutes

Liste des courses :

* 100 g de pavé de saumon
* 1/2 citron jaune
* 4 cuil. à soupe d'huile d'olive
* 2 pincées de gros sel
* 2 branches d'aneth
* 1 cuil. à café de poivre rose

1. Mettez le saumon au congélateur et attendez qu'il soit congelé (pour y couper des tranches très fines).

2. Sortez le saumon, enlevez la peau à l'aide d'un couteau bien aiguisé. Découpez des tranches très fines, à disposer dans des assiettes.

3. Recouvrez les tranches de saumon du jus de citron, puis attendez qu'elles soient décongelées. Ajoutez 2 cuillères à soupe d'huile d'olive par assiette. Parsemez d'aneth (coupez avec des ciseaux directement au-dessus des assiettes), de quelques grains de poivre rose et de gros sel. Servez.

✳ MAGRET DE CANARD ET MÂCHE AUX POIRES

Difficulté : facile
Préparation : 10 minutes
Cuisson : 10 minutes

Liste des courses :

* 2 magrets de canard
* 200 g de salade de mâche
* 1 poire
* 2 cuil. à soupe de vinaigre balsamique
* 4 cuil. à soupe d'huile d'olive

1. Entaillez la graisse du magret en diagonales sur toute sa longueur.

2. Chauffez une poêle vide (sans huile, ni beurre, à feu vif) et déposez le magret côté graisse sur la poêle. Attendez 1 minute que la graisse fonde. Cette dernière servira à la cuisson du magret.

3. Retournez le magret côté viande cette fois-ci. Couvrez pour éviter les projections et attendez 4 à 5 minutes. Retournez une dernière fois du côté graisse durant encore 1 minute.

4. Sortez le magret de canard et découpez-le en suivant les entailles.

5. Découpez la poire en prenant soin de retirer la partie centrale. Lavez la mâche. Préparez la vinaigrette en mélangeant dans un verre l'huile d'olive et le vinaigre balsamique. Servez.

* SALADE EXOTIQUE AUX FRUITS DE LA PASSION

Difficulté : facile
Préparation : 10 minutes

Liste des courses :

* 1/2 pomme
* 2 pincées de cannelle moulue
* 1/2 mangue
* 1/2 kiwi
* 2 fruits de la passion
* 2 boules de sorbet

1. Découpez des tranches de mangue et de kiwi.
2. Râpez la pomme préalablement épluchée.
3. Répartissez les fruits dans les assiettes. Ajoutez une pincée de cannelle sur la pomme.
4. Ajoutez une boule de sorbet et servez.

MENU 2

BEIGNETS DE FLEURS DE COURGETTE
+ BŒUF THAÏ
+ POMMES D'AMOUR

✱ BEIGNETS DE FLEURS DE COURGETTE

Difficulté : facile
Préparation : 5 minutes
Cuisson : 5 minutes

Liste des courses :

* 6 fleurs de courgette
* 1 jaune d'œuf
* 70 g de farine
* 10 cl d'eau glacée
* huile de friture

1. Mettez dans un bol la farine avec l'eau glacée, le jaune de l'œuf, une pincée de sel et mélangez le tout avec un fouet.

2. Trempez les fleurs de courgette dans la pâte, puis dans un bain d'huile de friture.

3. Lorsque les beignets de fleurs de courgette sont dorés, sortez-les et laissez-les reposer sur du papier absorbant pour éliminer l'excédent de graisse.

* BŒUF THAÏ

Difficulté : facile
Préparation : 10 minutes
Marinade : 1 heure
Cuisson : 5 minutes

Liste des courses :

* 2 pavés de rumsteck
* 1 échalote
* 1 cuil. à café de sucre de canne
* coriandre fraîche
* 1 citron vert
* 4 cuil. à soupe de sauce soja
* 2 cuil. à soupe de sauce de poisson (nuoc-mâm)
* 1 piment oiseau
* 120 g riz

1. Sur chaque face du rumsteck déposez de la sauce de soja et laissez mariner environ 1 heure dans une assiette.

2. Mélangez le jus du citron pressé avec l'échalote finement hachée. Ajoutez la sauce de poisson. Hachez finement la coriandre avant de l'ajouter à la sauce. Épépinez le piment et coupez-le avant de l'ajouter à la sauce. Mettez le sucre, mélangez et réservez.

3. Faites revenir le rumsteck dans une poêle légèrement huilée. Découpez-le en tranches suffisamment fines.

4. En parallèle, préparez un riz nature.

* POMMES D'AMOUR

Difficulté : facile
Préparation : 15 minutes
Cuisson : 15 minutes

Liste des courses :

* 2 pommes
* 150 g de sucre en poudre
* 6 gouttes de colorant alimentaire rouge

1. Mélangez le colorant avec le sucre dans un verre jusqu'à ce que le sucre devienne rouge.

2. Faites fondre le sucre dans une casserole avec 5 cl d'eau durant 15 minutes environ.

3. Pelez les pommes, coupez-les en quartiers, trempez-les dans la casserole lorsque le sucre est devenu mou et que l'eau s'est évaporée.

4. Piquez les pommes avec des piques à brochette préalablement coupées.

ET POUR VOUS RÉCOMPENSER DE VOS EFFORTS, ON VOUS LIVRE CLÉ EN MAIN LA RECETTE DU PHILTRE D'AMOUR…

Pour 2 personnes

Difficulté : facile
Préparation : 10 minutes

Liste des courses :

* 5 gouttes d'eau de rose
* champagne
* 1 tasse de 25 cl de framboises écrasées

1. Dans un mixeur, versez les framboises écrasées et mixez afin d'extraire le jus.

2. Filtrez.

3. Dans une flûte, versez le champagne, incorporez le jus de framboise et les 5 gouttes d'eau de rose.

UP AND DOWN DU FRIGO

✳ 10 TRUCS SEXY À AVOIR DANS SON FRIGO :

* Du champagne (on a toujours quelque chose à fêter),
* des sushis (c'est bon, c'est sain, c'est un must),
* une part de tiramisu (oui, vous êtes gourmande, et alors ?),
* des noix de Saint-Jacques fraîches (fille raffinée),
* du jus de grenade (c'est trendy),
* une tablette de chocolat (blindé de magnésium),
* des fraises (c'est succulent, léger, et ça peut se picorer à deux sous forme de jeu...),
* du lait de coco (c'est exotique),
* une bouteille de chardonnay (à servir dans des verres à pieds !),
* de la mangue fraîche (pour vous croire à l'autre bout du monde).

✳ 10 TRUCS PAS SEXY :

* Yaourts 0 % (10 petites calories seulement séparent un yaourt maigre d'un yaourt normal, et niveau goût, ça n'a rien à voir !),
* du fenouil (la fille under contrôle en permanence, bof, bof),
* des briques de soupe (on frise le côté vieille fille),
* des feuilles de salade défraîchies,
* des cordons bleus industriels (ça vous ferait rêver, vous ?),
* le Tupperware bœuf-carrottes made by maman (si c'est vous qui l'avez cuisiné par contre, + 5),
* un munster coulant (avec une baguette fraîche, c'est une tuerie, mais désolé, c'est vraiment pas sexy…),
* un pack de bière (pour s'affaler sur le canapé et regarder le foot ?)…
* des rillettes (un peu comme le fromage bien fort : vous pouvez aimer, mais c'est pas très glam),
* des carottes râpées toutes prêtes qui nagent dans la vinaigrette (ça rend aimable mais quand même...).

QUIZ FOOD SEXY

1. **Dans cette liste, quels ingrédients ne sont pas réputés aphrodisiaques ?**
   truffe - safran - roquefort - avocat - artichaut - miel - huître - carotte - noix de muscade - céleri - lait de coco

2. **Parmi les couples qui cuisinent ensemble, combien considèrent leur vie sexuelle satisfaisante ?**
   a) 84 % b) 26 % c) 58 % d) 67 %

3. **Quel pourcentage de femmes préfèrent le chocolat au sexe ?**
   a) 52 % b) 28 % c) 46 % d) 63 %

4. **Le fait d'utiliser de la nourriture à des fins sexuelles s'appelle...**
   a) fétichisme b) sitophilie c) malacie d) chantillysme

5. **Avant une nuit d'amour, Casanova buvait une tasse de...**
   a) café b) thé c) chocolat d) bouillon de légumes

RÉPONSES

1. Roquefort, carotte et lait de coco.

2. 58 %, une moyenne timide mais à relativiser puisque seulement 30 % des cuisiniers solo trouvent leur vie sexuelle épanouissante…

3. 52 %, et vous, vous préférez quoi ?

4. Sitophilie. Pour rappel, le fétichisme est la fixation du désir érotique par le contact ou la vue d'une partie du corps, d'un objet ou d'une matière. La malacie est un terme médical qui indique le ramollissement d'un organe. Et le chantillysme désigne les mabouls de chantilly, mais ça, ce n'est pas encore dans le dico…

5. Chocolat. Si on en croit la légende, c'était plutôt efficace…

LES 10 TRUCS
À NE JAMAIS FAIRE EN SOIRÉE

1. Boire comme un trou et finir ivre morte en train de vomir dans le caniveau.

2. Se donner en spectacle et danser comme une gogo danseuse.

3. Arborer un look provoc' genre bas résille + mini-short + top flashy + shoes plate-forme.

4. Fourrer sa langue dans plus d'une bouche au cours de la même soirée.

5. Draguer un mec qui est clairement pris (ndlr : celui qui est arrivé main dans la main avec quelqu'un, celui qui porte une alliance, celui qui enlace une fille/un mec).

6. Chercher à se faire remarquer par tous les moyens, monopoliser la conversation, rire comme une dinde, montrer sa culotte.

7. Fumer comme un pompier, cracher sa fumée au visage des autres et jeter ses mégots par terre.

8. Snober tout le monde et se comporter en vraie pimbêche (non, non, on ne vous prendra pas pour une star pour autant).

9. Rester prostrée au fond du canapé au point de ne pas oser se lever même pour aller faire pipi.

10. Coller quelqu'un et ne plus le lâcher de la soirée.

TO BE **AWARE**

Le dernier restau branché, les bons plans vente privée, le it bag qui cartonne, les tendances de l'hiver prochain, la destination vacances du moment, le petit groupe de rock qui monte, c'est simple, vous êtes au courant de TOUT ! Et c'est en partie aussi ce qu'on admire chez vous !

Comment font les filles qui sont à la pointe ? Elles écument les blogs (pas ceux où les gens racontent leur vie mais plutôt ceux des modeuses les plus pointues), une tendance lourde qui ne fait que s'amplifier. Pensez aussi à surfer en .us et .uk, c'est un bon moyen pour glaner des infos avant tout le monde.

Si vous entendez parler d'un nouveau brunch à l'autre bout de la ville ou d'un concept store qui détonne, allez voir par vous-même. Vous vous ferez votre opinion et pourrez mieux en parler.

Flyer, magazine, catalogue, zyeutez tout ce qui traîne ! Vous ne vous souviendrez sans doute pas de tout, mais c'est encore un bon filon pour choper des infos sur ce qui se passe. Dans le même genre, laissez traîner vos oreilles : que ce soit au bar du coin ou au détour d'une expo, on peut apprendre des trucs !

LES PARADES
SAISON APRÈS SAISON...

Restez jolie quand il fait – 12 °C et qu'on a le nez rouge, quand le thermomètre frôle les 40 °C, c'est possible ? ?

✳ HIVER

⋯➔ En hiver, nos ennemis jurés, c'est la peau sèche, les lèvres craquelées, le teint lavabo et les cheveux déprimés... Le froid, les changements de température (passer d'une atmosphère surchauffée à la maison au froid de canard dans la rue), le frottement des vêtements agressent et fragilisent notre épiderme. **À la clé :** sensations de tiraillement, rougeurs, picotements, irritations...

La seule solution : hydrater à mort ! Pour le visage, on opte pour une crème doudoune qui va nourrir votre peau et la protéger des agressions extérieures. Le soir, on étale une crème riche et blindée d'actifs surdoués, qui va ressourcer et repulper la peau pendant la nuit. Concernant le corps, on ne lésine pas et on se tartine de soins hydratants (si vous n'arrivez pas à choisir, réfugiez-vous sur des valeurs sûres comme le beurre de karité ou de cacao). Enfin, pour parer au problème des lèvres gercées, rien de plus facile : on applique généreusement un baume fondant matin et soir et un stick nourrissant tout au long de la journée (plus pratique).

Niveau make-up, le moins qu'on puisse dire, c'est qu'il y a du boulot ! Afin de contrer le teint blême, rangez les poudres de soleil et sortez les blushs roses. Le teint doit rester léger et clair, on colorie donc ses joues en rose (sans forcer pour ne pas se retrouver en poupée russe, non plus) et éventuellement on dépose une touche de nacre sur le haut des pommettes pour un effet plus sophistiqué. Pour faire croire que votre teint est éclatant en plein janvier, c'est simple : mélangez à votre fond de teint quelques gouttes d'enlumineur, ni vu ni connu...

Chaud, froid, pluie, vent, électricité statique... Les cheveux souffrent ! Un mot d'ordre : hydrater. Contrairement à ce que l'on pense, c'est en hiver que les cheveux sont les plus secs, il faut donc les chouchouter avec des après-shampooings ou masques nutritifs. Les capuches, bonnets and co rendent les cheveux complètement électriques. Deux solutions : intercaler un foulard en soie entre eux et les cheveux ou vaporiser un voile de laque (elle permet d'inverser la charge électrostatique et donc de lisser le cheveu).

En résumé, le kit de survie pour l'hiver =
un tube de crème hyper-riche
+ un stick maxi-hydratant
+ un blush rosé
+ une mini-laque.

✳ ÉTÉ

···⁘ **On l'a attendu toute l'année :** l'été entre enfin en scène, et de manière fracassante… Le soleil est tellement au zénith que le bout de notre nez est brûlé et l'ascension du thermomètre provoque quelques suées… On a vu plus glamour !

La règle number one en été, c'est de contrôler la transpiration. Vous pourriez être la créature la plus ravissante de l'univers, si vous sentez à 3 kilomètres à la ronde, c'est foutu ! Plus que jamais, on choisit un déo efficace sur la durée et on glisse une version miniature dans son sac (et on n'attend pas une odeur suspecte pour en remettre !). Les pieds méritent aussi une sacrée attention, car chaque jour, nous transpirons l'équivalent d'un petit verre d'eau par pied… OK, cette réalité n'est pas très sexy, mais c'est pour vous faire prendre conscience de l'importance d'investir dans un déo spécial pieds afin de les garder au frais all day long. Malgré cette précaution, on ne saurait trop vous conseiller d'opter pour des chaussures ouvertes, sinon c'est un vrai carnage… Dernier point pas très affriolant : les jambes lourdes. Dit comme ça, ça fait un peu mémé, mais la chaleur aggrave les troubles veineux : plutôt que de subir cette sensation inconfortable et douloureuse, et de se retrouver avec des poteaux, on agit ! On termine sa douche par un jet d'eau froide sur les jambes, génial pour les soulager et relancer la circulation. Et on use et abuse des soins jambes lourdes qui ont un effet décongestionnant et rafraîchissant.

Passons aux choses sérieuses : la brillance de votre visage est votre ennemie, l'objectif est donc de la mater ! Deux choses : on applique avant le make-up un soin matifiant et on insiste sur la zone T (front, nez, menton) + on ne sort jamais sans ses papiers matifiants pour absorber le surplus de sébum en cours de journée. Niveau make-up, il est intéressant de se tourner vers des produits waterproof qui auront le mérite de ne pas vous trahir deux heures après avoir été posés. Investissez aussi dans l'un de ces effaceurs de maquillage qui permettent des retouches rapides si votre make-up a coulé.

En résumé, le kit de survie pour l'été =
mini-déo
+ papier matifiant
+ brumisateur
+ lingettes rafraîchissantes
+ effaceur de make-up.

VACANCES, J'OUBLIE TOUT...
SAUF MON STATUT DE BOMBE

Où je pars ? Pas forcément aux Maldives (mais pourquoi pas !), en tout cas une destination où il y a des activités et des choses à découvrir...

Exemples : Belle-Île (sauvage + air iodé + crêpes à tomber par terre), Thaïlande (plage paradisiaque + gastronomie + temples à visiter), le Pays basque (tapas + verdure + villages typiques), Florence (culture + pastas + soleil).

Mais après tout, faites-vous plaisir et ne soyez pas honteuse si vous avez largué les amarres à Ibiza et que votre programme de la semaine se résume à farniente/clubbing... Pareil si vous vous réfugiez chez vos parents au fond du Cantal avec pour seule ambition de regarder les vaches brouter et manger l'aligot de maman. Les meilleures vacances ne sont pas forcément les plus chères, ni les plus lointaines, ce sont celles pendant lesquelles vous vous êtes le plus amusée et reposée, non ?

* DANS MA VALISE ?

Le secret, c'est de n'emporter que des choses ciblées et adaptées à la situation (pas de Louboutin pour un trek au Maroc et pas que des maillots de bain pour une semaine à New-York). C'est vrai que c'est frustrant de ne pas empaqueter ses escarpins Lanvin, mais pour une semaine de ski à Chamonix, ils ne vous feront pas (trop) défaut. Et puis la fille qui a des pansements contre les ampoules pour l'ascension du mont Blanc, c'est plus probant que celle qui a ses vernis fétiches…

Quelles que soient les circonstances, on s'autorise une tenue chic au cas où (il vous demanderait en mariage, il y aurait une thématique Festival de Cannes au club, vous êtes invitée à une soirée), et pour être sûre de ne pas se tromper, c'est la petite robe noire qui part en vacances. Concrètement pour bourrer, euh, remplir sa valise, on réfléchit qui, quoi, où.

Avec qui je pars ? en famille avec les gosses (on se mettra p't-être pas sur notre trente et un tous les soirs), avec ma meilleure cop' (les baskets et ma brassière de sport, c'est pas la peine), entre potes (il me faut un peu de tout : du cool mais aussi du plus chic).

On fait quoi ? camping (je sens que ma robe longue en soie va rester à la maison), location de vacances (bienvenue tenues casual), palace (yeahh ! euh, finalement j'ai rien à me mettre, faut que je fasse du shopping…).

Où je vais ? au Mont-Saint-Michel (pas besoin de 4 sprays anti-moustiques), au Brésil (j'achèterai une collection de bikinis et de tongs sur place), à Venise (j'emporte ce que j'ai de plus beau).

Les plus belles vacances que j'ai passées :

....

L'endroit le plus romantique que j'aie jamais vu :

....

Le top 3 des destinations qui me font rêver :

○ .... ○ .... ○ ....

Le voyage qui m'a transformée :

....

Le lieu ou j'ai passé mes vacances étant petite, et auquel je repense avec nostalgie et tendresse : ....

....

Le lieu de mes prochaines vacances avec mon amoureux :

....

La destination irremplaçable pour une semaine entre filles :

....

Le lieu tellement beau que j'en étais émue :

....

Le voyage qui m'a fait le plus réfléchir :

....

PEOPLE : LES TRUCS À LEUR PIQUER, LES TRUCS À LEUR LAISSER

* ON FAIT LA MÊME CHOSE :

Être en retard (se faire désirer cinq minutes, c'est sans conséquence, par contre passé dix minutes, on prévient et c'est carrément classe), porter des lunettes de soleil en plein mois de novembre (c'est chic, c'est mystérieux, c'est rock, on adore !), sortir avec un jeunot (alors là, c'est le must !), assister aux premières de spectacle et aux vernissages (quelque soit le lieu, ça veut dire que vous faites partie de la jet-set locale), soutenir des associations caritatives (allez, on va dire que la kermesse de l'école, ça compte aussi)...

* ÇA NON :

Les caprices (risqué, décourageant et vite saoulant pour qui doit les supporter), se défoncer (inutile, dangereux et débile), faire des scandales (la probabilité d'être prise pour une star est très faible, mais celle d'être prise pour une folle, très forte), saccager sa chambre d'hôtel (même au Formule 1, ça peut se retourner contre vous), tabasser dès qu'on vous prend en photo (franchement, envoyer mémé aux urgences un soir de Noël, ça peut plomber l'ambiance)...

MOIS APRÈS MOIS

Vous l'aurez compris : qu'il pleuve, qu'il neige ou qu'il vente, une bombe a du peps et croque la vie à pleines dents ! Parce qu'il y a toujours une bonne raison de se réjouir, la preuve !

✳ JANVIER

Trop bien, ce premier mois ! Après une super teuf pour bien commencer l'année, les festivités continuent de bon train : champagne par-ici (mini-réveillon avec les potes avec qui on n'a pas passé le 31), galette par-là (humpf, oui c'est gras, mais c'est une fois par an), début des soldes d'hiver (pensez à poser un RTT).

Mais c'est aussi... ....

....

....

✳ FÉVRIER

Il fait froid, mais on a de quoi se réchauffer le cœur. On attaque par la Chandeleur (humpf, oui c'est gras les crêpes, mais qu'est-ce que c'est bon !), la Saint-Valentin (c'est chouette l'amour), et on pense vacances au ski (vin chaud, tartiflette et Jacuzzi).

Mais c'est aussi... ....

....

....

✳ MARS

Tout doucement l'hiver se fait oublier. On pense printemps (et on le fête même s'il pleut le jour de son arrivée), journées qui rallongent (ce coup-là, on dort moins, mais il fait jour plus tard) et balades au grand air (il faut bien s'aérer la tête après la période hivernale).

Mais c'est aussi... ....

....

....

✳ AVRIL

Les oiseaux chantent, et nous aussi ! En général, il y a le lundi de Pâques (pas travail + chocolat, y'a bon !), les premiers week-ends à la mer qui s'organisent (OK, on ne se baigne pas encore, mais qu'est-ce que c'est bon de sentir le soleil caresser ses bras), et comme il devient politiquement correct d'avoir bonne mine, on dégaine l'autobronzant (adieu pour au moins six mois teint blafard).

Mais c'est aussi... ....

....

....

✳ MAI

C'est le moment de se mettre en position « off ». Jours fériés à gogo (bien dosé avec des RTT, y a moyen de passer du pont au viaduc), la saison des mariages bat son plein (donc la saison des amours redémarre...), c'est le bon moment pour renfiler ses baskets et faire un peu de sport (être la bombe de la plage, ça vous dit ?).

Mais c'est aussi... ....

....

....

✳ JUIN

Ça commence à sentir bon les vacances... Tous dans la rue pour la fête de la Musique (une véritable institution), le dimanche c'est pique-nique géant (convivial et enfantin, on kiffe), et on lorgne sur les soldes d'été (maillot de bain Érès, bientôt tu seras mien).

Mais c'est aussi... ....

....

....

✳ JUILLET

Yeah, il fait beau et on compte les jours avant de s'envoler vers la plage. Les apéros en terrasse s'éternisent, on se met à boire du rosé (synonyme du mode vacances) et à avaler des gélules qui préparent la peau au bronzage (on est pro, quoi...).

Mais c'est aussi... ....

....

....

✳ AOÛT

Youpiiiii ! Les grasses mat' et les siestes se succèdent (faut bien recharger les batteries), la consommation de glaces s'envole (humpf, oui c'est sucré, mais c'est rien que l'été), et on se sent plus sexy que jamais (bronzage + insouciance, un duo qui fonctionne à merveille).

Mais c'est aussi... ....

....

....

✳ SEPTEMBRE

Contrairement à ce que pensent les enfants, la rentrée, c'est canon ! On retrouve les copains (ah mais, c'est qu'ils nous ont manqué !), l'été indien s'installe (et on profite jusqu'à la dernière goutte), et on est super belles et en pleine forme (merci les vacances !).

Mais c'est aussi... ....

....

....

✳ OCTOBRE

En douceur, on passe au mode hibernation. C'est le passage à l'heure d'hiver (bingo : une heure de dodo en plus), on a officiellement le droit de cocooner (sortez les plaids, les piles de DVD, et investissez dans une bouilloire), et puisqu'il fait froid, on plébiscite le retour des plats consistants (welcome risottos, rôti de veau aux morilles, lasagnes...).

Mais c'est aussi... ....

....

....

✳ NOVEMBRE

Bon OK, la Toussaint et l'Armistice ne sont pas des fêtes super fun, mais c'est quand même des jours fériés (et donc des possibilités de week-ends à rallonge, toujours bienvenus !), c'est aussi l'occaz de s'offrir un hammam en solo ou entre copines (idéal pour se dépayser le temps d'un après-midi), et de passer des week-ends entiers au ciné (big-up pour la fille cultivée).

Mais c'est aussi... ....

....

....

✳ DÉCEMBRE

L'année s'achève sur un festival de plaisirs ! La perspective de Noël donne tous les droits et abolit toutes les contraintes, alors on fonce sur le foie gras, le cachemire, le voisin aux beaux yeux verts, le chocolat, les boucles d'oreilles repérées depuis trois mois, le safari en Afrique du Sud, le sac à main qui nous fait de l'œil... Bref, december, c'est no limit !

Mais c'est aussi... ....

....

....

AU TRAVAIL

La première qualité qu'il vous faut démontrer au boulot, c'est l'**efficacité.** Vous pouvez être la fille la plus sympa de l'étage, si votre professionnalisme laisse à désirer, il vous arrivera des bricoles... **Être sociable**, c'est un super bon point et il faut l'être avec tout le monde pour que ce soit vraiment frappant (même avec la dame de la cantine et pas seulement avec votre boss). Sans en rajouter et passer pour une lèche-bottes, dire à une collègue que son pull bleu lui va bien, ou au mec de l'informatique qu'il a l'air en pleine forme, ça fait toujours plaisir à entendre. **Se montrer dispo et rendre des services**, c'est important aussi. Cela dit, il faut aussi montrer clairement ses limites et ne pas être celle qui dépanne tout le monde et qu'on surnomme « cruchette » à la machine à café. Le truc rédhibitoire au bureau, c'est de colporter des ragots ou de médire sur les uns et les autres (même si, on avoue, c'est parfois bien sympa et supra-rigolo de s'imaginer la vie sexuelle de Vico alias le boss, surnommé ainsi en raison de sa ressemblance avec une grosse patate). Enfin, au taf, comme ailleurs, il y a les affinités qui entrent en jeu : on s'entend plus ou moins bien avec ses collègues. Certains deviennent de précieux amis et c'est tant mieux, d'autres restent des étrangers, mais tant qu'on peut bosser et communiquer ensemble, pas de problème. Il nous est impossible de refermer ce chapitre sans évoquer le cas de la séduction au travail... Même si le garçon de la compta est charmant et même si le juriste du 7e a des beaux yeux, l'amour au bureau, c'est (très) compliqué et risqué. Reste à vous rappeler le fameux adage : **No zob in job.**

JEU : AU BOULOT, À QUI DIRIEZ-VOUS ÇA ?

Reliez la colonne de droite et la colonne de gauche ; plusieurs réponses possibles…

* Clara a fait des cauchemars toute la nuit, je n'ai pas dormi.
* Avec Léo, cette nuit on a enchaîné Andromaque au galop, super huit, et la brouette, je n'ai pas dormi.
* Il m'a parlé comme à un chien et m'a menacée de me virer, je vais lui foutre l'inspection du travail aux trousses.
* Fais chi… y a ma belle-doche et sa tête de nœud ce week-end.
* Je me fais du souci pour mon grand-père, je crois qu'il perd la tête.
* Je crois que je le kiffe comme ça faisait longtemps que j'avais pas kiffé quelqu'un.
* Je me suis gavée de raclette samedi soir et j'ai bu comme un trou.
* Je ne me sens pas bien en ce moment, je suis tendue et stressée.
* Tu veux pas t'inscrire à la gym avec moi ? J'ai pris du cuissot…

* À la chefferie
  (boss, direct et indirect)

* Ma collègue de bureau

* Mes copines de cantine

* Au médecin du travail

DANS MON **QUARTIER**

C'est simple, **tout le monde vous connaît !** Et pense du bien de vous ! La pharmacienne vous trouve aimable, le maraîcher franchement sexy, votre voisine vous kiffe pour lui avoir refilé vos codes d'accès Wifi, et le patron du bar d'en bas serait capable de préparer son petit salé lentilles rien que pour vos beaux yeux...

La raison de ce succès ? **Sourire, politesse et amabilité !** Pas si évident que ça, surtout quand on a passé une journée horrible, mais tellement payant. Même si la bonne approche, c'est d'être sympa gratuitement, dites-vous bien que le jour où vous aurez besoin d'un service, on vous le rendra plus volontiers que si vous vous comportez comme une hyène.

Pas la peine de passer vingt-cinq minutes par jour à papoter avec votre voisine de 82 ans, ni de complimenter le boulanger pendant trois plombes sur la croustillance de sa baguette ! Un « bonjour madame Ollivier, comment allez-vous ? Je file, j'ai rendez-vous, passez une bonne journée ! » agrémenté d'un sourire sincère, ça peut suffire à gagner ses galons de fille sympa.

Et puis franchement, c'est quand même plus convivial de connaître un minimum ses voisins que de se comporter comme des sauvages qui claquent les portes quand ils entendent quelqu'un dans l'escalier !

MONEY, **MONEY**

La poule qui claque trois mois de salaire et mange des pâtes sans sauce pour se payer le it bag vu sur Eva Longoria, c'est un peu déprimant. A contrario, la fille qui se dégotte un sac canon, à un prix raisonnable, c'est la classe ! Et encore plus jouissif quand tout le monde demande « il est top ton sac, c'est qui ? » et qu'on répond par l'évasive « une p'tite boutique canon près de chez moi, pas encore très connue, mais ça ne devrait pas tarder ».
Sur un autre registre mais toujours lié au fric, on aura du mal à croire à la sincérité de la fille qui bave à mort sur les traders, avocats et footballeurs pros. En général, elle se fait repérer à des kilomètres et a peu de probabilité de voir aboutir sa chasse (y a-t-il vraiment un autre mot ?).

Pour être honnête, l'argent, plus on en a, mieux c'est. Cela dit, faire avec ce qu'on a, se donner un max au boulot pour décrocher des contrats, et ne pas fantasmer sur la vie des riches, c'est entretenir un rapport sain avec l'argent. Car vous savez bien qu'il ne fait pas le bonheur...

MINI-TEST
VOUS ET L'ARGENT

L'argent vous file entre les doigts ou s'entasse-t-il sagement sous votre matelas ?

1. Vous recevez une prime...
- ★ Vous la claquez illico en fringues.
- ♦ Vous placez tout sur votre LDD.
- ✤ Vous épargnez une moitié et vous dépensez l'autre.

2. Les jeux de hasard et d'argent...
- ★ Ça vous excite.
- ✤ Ça vous amuse de miser une petite somme.
- ♦ Ça vous répugne.

3. Un apéro entre amis, l'addition arrive...
- ♦ Vous partez aux toilettes.
- ★ Vous prenez l'addition.
- ✤ Vous réglez votre part.

4. Quand vous partez en vacances...

★ Vous vous lâchez : nouveau maillot de bain, nouvelles lunettes, hôtel 4 étoiles, destination lointaine et plage privée.

♦ Vous faites gaffe : charter, camping, robes de l'année dernière, pizzeria et Morvan.

✤ Vous faites selon vos moyens du moment : restau si vous pouvez mais pas tous les soirs, Maroc si les prix ont baissé, un seul nouveau maillot, et demi-pension.

5. Une dépense imprévue plombe votre compte, vous êtes :

★ Frustrée.

♦ Démoralisée.

✤ Résignée.

RÉSULTATS

Vous avez une majorité de ★ : Vous êtes une vraie flambeuse !
L'argent vous brûle les doigts et vous ne pensez qu'à votre plaisir immédiat. Vous refusez catégoriquement la frustration de ne pas pouvoir vous offrir quelque chose. C'est bien de se faire plaisir, mais à la longue, ce comportement un peu infantile peut vous mettre dans des situations délicates avec votre banquier.

Votre devise : Il ne sert à rien d'être le plus riche du cimetière !

Vous avez une majorité de ♦ : Vous êtes une fourmi !
Vous êtes d'une prudence extrême avec l'argent et avez toujours peur de manquer. Savoir être économe, c'est une qualité, attention cependant de ne pas tomber dans la radinerie. Sans dépenser des fortunes, une fois de temps en temps, faites-vous plaisir, vous verrez que ça fait du bien.

Votre devise : Un sou est un sou.

Vous avez une majorité de ✤ : Vous êtes réglo !
Ça ne vous fait pas peur de dépenser de l'argent mais seulement celui que vous avez. Vous n'êtes pas du genre à vous endetter pour acheter quelque chose dont vous n'avez pas les moyens, vous préférez attendre de les avoir. Avec votre banquier, tout se passe bien dans le meilleur des mondes !

Votre devise : L'argent ne fait pas le bonheur.

* NOTES

Voilà ma p'tite dame.
Merciiiiii !

LOVE & SÉDUCTION * * *

Célibataire ou en couple, suivez le guide et adoptez la bombe's spirit ! Qu'est-ce qui fait la différence entre une fille sympa/mignonne et une bombe ? Bien souvent son sex-appeal, sa façon subtile de séduire, sa féminité...

TEST QUELLE SÉDUCTRICE ÊTES-VOUS ?

À chacun son registre pour faire tomber les garçons. C'est quoi votre piège à vous ?

1. Premier rendez-vous, vous portez...

♦ Des talons et des bas résille.
★ Un décolleté affriolant.
✤ Un top en soie.

2. Dans votre sac à main, on trouve toujours...

★ Un rouge à lèvres.
♦ Des préservatifs.
✤ Votre téléphone portable.

3. Séduire pour vous, c'est...

✤ Un rituel.
★ Une parade.
♦ S'amuser.

4. C'est vous qui choisissez le lieu du rendez-vous, vous le retrouvez...

✤ Dans un parc.
★ Dans un bar cosy.
♦ Dans une galerie d'art.

5. En matière de séduction, vous misez sur…

★ Votre physique.
♦ Votre audace.
AF ✤ Votre enthousiasme.

6. Pour vous faire pardonner…

A ✤ Vous vous excusez.
★ Vous revêtez une tenue sexy.
♦ Vous fondez en larmes.

7. Qu'est-ce qui vous rebute chez un garçon ?

F ✤ Trop de sérieux.
★ Son laisser-aller.
A ♦ Son manque d'audace.

8. Qu'est-ce qui est le plus important dans une relation de couple ?

★ Les apparences.
♦ Les mêmes aspirations.
A F ✤ La complicité.

9. Vous craquez facilement pour…

A F ★ Un beau mec.
♦ Un mec qui a de la repartie.
✤ Un mec qui vous fait rire.

RÉPONSES

Vous avez une majorité de ★

···❖ Vous êtes une séductrice glamour

Vous cultivez à fond votre beauté et votre féminité. Talons, dessous sexy et mascara font partie de vos armes de séduction massive. La pin-up sexy, c'est attractif, mais ça peut être lassant, alors n'oubliez pas de dévoiler votre personnalité pour une séduction plus durable.

Vous avez une majorité de ♦

···❖ Vous êtes une séductrice audacieuse

Lors d'un rapport de séduction, c'est vous qui tenez les rênes. Votre fonds de commerce à vous, c'est un fort caractère, un côté théâtral et un ascendant diva... La forte tête, ça a son charme, mais attention quand même de ne pas effrayer vos targets...

Vous avez une majorité de ✤

···❖ Vous êtes une séductrice naturelle

La séduction tranquille sans artifices, c'est votre domaine. Vous vous présentez comme vous êtes sans faire d'esbroufe. Votre piège à mecs à vous, c'est la sincérité, la fraîcheur et la sympathie. Un bon calcul quand on sait qu'on ne peut pas plaire à tout le monde.

5 TRUCS À LUI PROPOSER POUR QU'IL VOUS TROUVE RENVERSANTE

1. **Une soirée à l'opéra, un musée en nocturne ou un vernissage d'une expo photo :** une fille cultivée, c'est juste l'assurance de soirées passionnantes. Il va signer direct.

2. **Un brunch ou un slunch à la maiso**n. Même si vous, les trois étoiles, vous ne les avez qu'en ski, c'est fastoche d'assurer ce genre de repas décontracté. Au pire, vous passez un coup de fil à Béa pour la recette du cake chocolat/gingembre et celles des œufs cocotte.

3. **Un saut en parachute, une course en voiture sportive, ou un baptême de plongée :** une aventurière, ça ne laisse pas indifférent. Et dans la tête de l'homme, fille qui n'a pas froid aux yeux = bon coup au lit ; ça n'a pas forcément de rapport, mais que voulez-vous…

4. **Emmenez-le dormir dans les arbres.** Louez une cabane perchée dans un domaine et préparez-vous à passer une nuit insolite entre retour en enfance et aventure de Robinson Crusoé. La nature, l'initiative et l'originalité en feront un souvenir mémorable.

5. **Donnez-lui rendez-vous dans un piano-bar.** L'ambiance feutrée et cosy devrait faire des miracles de romantisme. Il sera séduit à coup sûr par votre bon goût.

EN FINIR AVEC LE CÉLIBAT ?

✳ EN TERRASSE DE CAFÉ

Évidemment on ne s'installe pas n'importe où et on a pris soin de faire des repérages avant. Le bar PMU au coin du boulevard, c'est non (à moins de chercher un vieux poivrot), le salon de thé, c'est pas ça non plus (une impressionnante concentration de mamies au mètre carré). Le bon deal : un café un tantinet classe mais pas too much, avec une belle terrasse ensoleillée (et chauffée en hiver). Le matos de base : vos lunettes de soleil (un grand classique mais bien pratique pour voir sans être vue) et un magazine que vous feuilletterez distraitement. Adoptez un air pensif et l'attitude de celle qui veut bien être dérangée. Commandez un café, un Perrier ou un Coca Light (mais surtout pas un verre de rouge ni une pinte de bière qui vous feront passer pour alcoolo – c'est injuste, mais c'est comme ça –, ni un lait grenadine sous peine de vous faire prendre pour une gamine).

Laissez venir le chaland s'asseoir à la table d'à côté. S'il se lance, c'est parfait, sinon la balle est dans votre camp.

La phrase qui tue : « Je peux goûter votre bière ? »

La phrase qui va bien : « Puis-je jeter un cil sur votre Libé ? »
Et là vous foncez direct sur les pages culture, même si vous vous en tamponnez, car s'intéresser à la culture, « ça » fait bien.

✳ EN SPEED DATING

On commence à bien connaître le principe du blind date : sept minutes pour séduire et être séduite par un inconnu. La règle de base, c'est de jouer le jeu et d'investir un maximum les différents entretiens afin de se donner une réelle chance. Arriver dans un état d'esprit friendly est primordial ; si c'est une journée noire et si vous êtes furax depuis que vous êtes levée, rentrez chez vous : vous risquez de perdre votre temps (et d'effrayer un garçon). Pas spécialement besoin de matos pour ce type de rendez-vous : un vrai sourire, et une tenue séduisante dans laquelle on se sent bien feront l'affaire. Pensez efficacité et concision : vous avez peu de temps, donc allez à l'essentiel. L'erreur à éviter : réciter son CV, c'est vrai que ça ressemble à un entretien d'embauche, mais quand même...

La phrase qui tue : « Rien que des blaireaux ce soir ! »

La phrase qui va bien : « Vous pour les vacances, vous êtes plutôt Club Bip-Bip, sac à dos de routard, maison de famille, ou voilier en Corse ? »

* EN BOÎTE

Bien sûr, passé 16 ans et demi, ce n'est plus l'endroit le plus approprié pour draguer. M'enfin rien de mal à vouloir retenter l'expérience de ce terrain de jeu qui jadis vous fut si favorable. Pensez juste à bien choisir l'endroit où vous allez clubber, histoire de ne pas vous retrouver avec des minets de 17 ans et demi qui se prennent pour des gogos dancers, si vous avez passé la vingtaine (en deçà, foncez sur ces jeunes éphèbes, c'est de votre âge, chanceuse !). Côté look, faites simple et festif : un jean slim et un top pailleté, ou une robe sexy dans laquelle on peut danser. Le détail le plus important : lâchez-vous, amusez-vous ! Impossible que cet enthousiasme et cette pêche ne soient pas communicatifs. Vous serez bientôt près du bar avec un rhum Coca à la main et un chouette garçon devant vous.

La phrase qui tue : « Vous venez souvent ici ? » (en plus, en boîte on est dans une sorte de néant spatio-temporel et on ne sait plus très bien s'il faut dire tu ou vous...).

La phrase qui va bien : « On va boire un verre ailleurs ? »

* À UNE SOIRÉE

À première vue, vous n'êtes pas là pour draguer mais juste pour passer une bonne soirée avec vos amis : du coup, votre état d'esprit est cool. Si par chance, un invité vous plaît et semble célibataire, c'est le contexte idéal. Facile d'établir un premier contact : soit vos potes vous l'auront présenté, soit vous pouvez y aller seule, comme une grande. Fastoche de poursuivre la conversation : « Comment t'as connu Lolo et Nat, toi ? » Si c'est un bon client, ça devrait vous entraîner plus loin et déboucher sur d'autres sujets. Sinon pour relancer, vous pouvez commenter le buffet, lui demander s'il fait du parapente comme Lolo, s'il est déjà allé à Périgueux dans la maison de Nat, etc. Ensuite, il convient de se renseigner discrètement auprès de Lolo et Nat pour en savoir plus sur le garçon, et notamment, si vous n'en n'êtes pas encore certaine, son statut amoureux.

La phrase qui tue : « Tu trouves pas qu'il y a de l'eau dans le gaz entre eux depuis un moment ? »

La phrase qui va bien : « Je suis ravie de te rencontrer, j'ai beaucoup entendu parler de toi. »

✳ DANS LA SÉDUCTION, J'AIME/J'AIME PAS

	J'AIME	J'AIME PAS
* Mater derrière mes lunettes.	○	○
* Que le mec avec qui j'ai rendez-vous soit trop apprêté.	○	○
* Arriver en retard.	○	○
* Qu'il refuse de me laisser payer.	○	○
* Qu'il insiste pour me raccompagner.	○	○
* Lui poser des questions.	○	○
* Tenter de le déstabiliser.	○	○
* Le faire rire.	○	○
* Qu'il me fasse rire.	○	○
* Débattre d'un sujet d'actu chaud bouillant.	○	○
* Qu'il soit en jean avec un vieux tee-shirt.	○	○
* Jouer de mon regard.	○	○
* Qu'il manifeste trop vite son intérêt.	○	○
* Sortir le grand jeu.	○	○

	J'AIME	J'AIME PAS
* Faire ma timide.	○	○
* Qu'il déballe sa vie.	○	○
* Sentir une tension érotico entre nous.	○	○
* Avoir le cœur qui s'emballe quand je le vois.	○	○
* Qu'il me frôle.	○	○
* Le subjuguer.	○	○
* Penser à lui.	○	○
* Attendre que mon téléphone sonne.	○	○
* Pister son profil Facebook.	○	○
* Qu'il me prenne la main au cinéma.	○	○
* Qu'il trouve mon talon d'Achille.	○	○

* LE NET PLUS ULTRA : SURFER

Moderne, sûr et rationnel quand il est utilisé à bon escient, le Net est un vrai bon moyen de faire de nouvelles connaissances (quand arrive le moment où on connaît tous les amis de ses amis, il faut aller voir ailleurs) et, on vous le souhaite, de trouver votre Mister Big.

* COMMENT ON S'Y PREND :

1. **On se décrit de façon juste et sobre.** Se rajouter des centimètres, s'enlever des kilos ou s'inventer des yeux bleus, c'est prendre le risque de le voir déçu lors du premier rendez-vous.

2. **Pas de plan sur la comète !** Chris75 est comme vous fan de Woody Allen, de tennis, a aussi un tonton à Royan, un chat obèse et une passion immodérée pour les sushis ? Dans un premier temps, vous ne devriez pas manquer de sujets de conversation et c'est déjà bien. Attendez un peu avant de changer votre statut Facebook de célibataire à « en couple » : on peut avoir beaucoup de points communs et ne pas tomber amoureux (mais heureusement l'inverse est vrai aussi !).

3. **Rencontrez-vous rapidement !** Une fiche, même bien remplie, et des photos ne sont que de vagues indicateurs. Un one to one, c'est la possibilité de découvrir un sourire craquant, une voix suave, un accent charmant, un regard pénétrant, bref tout ce qui constitue le charme d'une personne… Ça permet aussi d'éviter les écueils du point n° 2, à savoir fantasmer sur quelqu'un qu'on ne connaît pas.

✳ C'EST NOUVEAU

Les sites de rencontre sur mesure se sont multipliés ces deux dernières années. Certains sont réservés aux militants de gauche, d'autres aux adeptes du bio, aux propriétaires de chien, ou encore aux beaux (et donc interdit aux moches...) ou aux infidèles... On vous laisse juge de ces deux derniers concepts ! Ces sites communautaires reposent sur le dicton « Qui se ressemble s'assemble » et mettent en évidence la tendance (lourde) des individus à former un couple avec quelqu'un qui leur est semblable.

Le + : éviter les engueulades à venir (quoi, tu as voté pour cette saleté de xxx ? ne me dis pas que tu ne te mets pas en grève de la faim pour dire non aux OGM ?).

Le – : la ghettoïsation (votre père est bien médecin et votre mère avocate, comme les miens ? on ne s'est pas déjà croisés sur un shooting ?).

J'AI DÉCROCHÉ UN RENDEZ-VOUS : COMMENT JE M'HABILLE ?

Pas trop sexy ! Bien que les yeux de nos amis les hommes aiment s'attarder sur un décolleté plongeant ou des jambes bien dessinées sous une micro-jupe, l'association de trop de détails sexy vous fera passer pour vulgaire auprès de ces âmes sensibles. C'est injuste, mais c'est ainsi. Il est plus qu'indispensable que vous soyez à l'aise, donc choisissez une tenue qui vous ressemble et que vous aimez porter. À éviter à tout prix : la robe jamais portée, dans laquelle vous vous sentez déguisée. Décontract, oui, mais il faut quand même qu'il sente que vous avez fait un effort. Le jean pourquoi pas mais alors avec des jolies chaussures, un tee-shirt basique, un sautoir original, etc. Oubliez aussi le look créateur de la tête aux pieds : à moins de tomber sur un spécimen (prévenez-nous), il y a peu de chance qu'il saisisse la subtile référence au dernier défilé Marc Jacobs. Enfin, optez pour un look à la fois ravissant et sobre (au moins pour cette fois-ci) : s'il vous voit débarquer avec tous vos strass, ça risque de méchamment l'impressionner, surtout s'il est en jean polo (fort probable).

* ON VA AU RESTOOO

* **RÈGLE NUMBER ONE :** Esquiver les plats difficiles à manger qui pourraient salir (ce qui se décortique, baigne dans la sauce...). Les gambas, c'est certes délicieux, mais à moins de savoir les décortiquer élégamment avec les couverts (et encore on n'est pas à l'abri d'un accident), on zappe, car se retrouver à les massacrer à pleines mains, c'est moyen séduisant.

* **RÈGLE NUMBER TWO :** Interdiction de choisir un plat qui va vous coller une haleine de chacal ! Exit le chèvre chaud, la soupe de poisson aux croutons aillés, la tarte aux oignons...

* **RÈGLE NUMBER THREE :** Ne pas se plomber ! Foie gras en entrée, choucroute en plat et baba au rhum pour finir, ça fait beaucoup... À ce stade-là de la soirée, on ne sait pas ce que nous réserve la nuit... Elle sera peut-être torride ! Prendre des forces, oui, risquer de se retrouver ballonnée voire malade, voire obligée de squatter ses toilettes, non !

* **RÈGLE NUMBER FOUR :** Un peu pour les mêmes raisons que celles évoquées juste au-dessus, évitez les pois chiches, les flageolets, les choux... On ne vous fait pas un dessin ?

* **RÈGLE NUMBER FIVE :** On ne sauce pas avec son pain ! Cette sauce aux truffes a beau être divine, c'est comme ça...

* MAIS ÇA, OUI :

* Prendre une entrée ou un dessert pour deux, histoire de picorer ensemble...
* Commander de l'eau pétillante (des bulles inoffensives qui vous permettront de garder la tête froide entre deux verres de vin).
* Lui faire goûter votre plat et goûter le sien (mais avec votre propre fourchette, vous n'êtes pas encore assez familiers pour la partager !).
* Manger de bon cœur sans chichis (la fille qui daigne avaler à peine un quart de son assiette, c'est flippant).

Bref, même quand on satisfait un besoin primaire, comme celui de manger, on reste une bombe et ça c'est la classe !

* TIPS UP AND DOWN SÉDUCTION

* UP

Lui poser des questions (attention on n'a pas dit : interrogatoire), confronter vos avis sur le dernier film vu au ciné, parler de votre vie honnêtement sans vous faire mousser et sans vous rabaisser, sourire (OK, ils regardent à peu près tous nos fesses et nos seins en premier, mais un sourire juste, franc et sincère, ça marque), lui montrer que vous êtes contente d'être là, s'adapter à la conversation et rebondir, vous être faite belle sans en faire des caisses, proposer de payer (double bingo : vous manifestez votre indépendance et votre initiative !).

* DOWN

Réciter son CV, lister ses ex, raconter comment sa mémé fait la confiture de griottes (il sera sans doute plus intéressé pour y goûter), le dévisager de la tête aux pieds, parler des petites histoires du bureau (pour le moment, il s'en fout un peu que Christelle pose toujours ses RTT la première), faire la gueule, étaler sa science (les « Madame je sais tout » n'ont pas très bonne presse), tout critiquer (le serveur est pas aimable, le Coca pas assez frais, les voisins de table parlent trop fort, les nuages sont trop nombreux...), avoir mauvaise haleine (c'est une certitude, si votre souffle lui évoque un chameau, il ne s'approchera pas)...

LANGAGE CODÉ

Le langage corporel, c'est un peu le reflet de nos émotions. Quand on sait qu'environ 60 % de la communication est non verbale, ça vaut le coup de s'y intéresser de près.
On peut tenter de décrypter la signification des gestes, mais rappelez-vous que c'est quand même assez subtil et qu'il suffit d'une petite différence pour que le message ne soit plus du tout le même.

Par exemple, se mordre la lèvre signifie clairement un désir de séduction, mais attention si c'est la lèvre supérieure qui est mordillée, c'est plutôt un signe de doute, voire de désespoir...

Les bras croisés, c'est a priori un mauvais présage, mais s'ils sont croisés sur la poitrine avec les mains posées sur les épaules, il s'agit plutôt d'un souhait : celui d'être prise dans les bras... Bref, ne focalisez pas à 100 % là-dessus non plus.

✳ POUR RÉSUMER

* **L'espace :** moins il y en aura entre vous, meilleur signe ce sera ! Si moins d'une longueur de bras vous éloigne, c'est gagné, s'il est à un mètre, c'est perdu !

* Il est dispo s'il est assis, jambes décroisées (ou une jambe posée sur l'autre), mains posées sur le fauteuil ou s'il est debout, jambes légèrement écartées, les bras le long des hanches ou un verre à la main.

* Il est fermé s'il est assis, bras et jambes croisés ou s'il est debout, mains dans les poches ou bras croisés, ou tient son verre devant lui, comme pour se protéger.

✳ SIGNES MANIFESTANT L'INTÉRÊT

* Il incline la tête et vous regarde dans les yeux (= il est sous le charme).

* Il arrange ses vêtements et/ou sa position (= il veut se montrer sous son meilleur jour).

* Il vous a frôlé le bras (= il essaie d'entrer en contact physique avec vous mais ne veut pas vous effrayer).

* Il reproduit les mêmes gestes que vous (= il essaie de synchroniser avec vous dans le but d'une symbiose).

✳ SIGNES MANIFESTANT LE DÉSINTÉRÊT

* il vous regarde, le poing collé contre sa bouche (= il n'est pas du tout d'accord avec vous et empêche ses phrases de sortir de sa bouche).

* il joue avec son briquet, son téléphone ou n'importe quoi posé sur la table (= il s'ennuie et ne prend même pas la peine de le cacher).

* il lance des regards partout dans la pièce (= il cherche soit une nouvelle proie, soit un moyen de vous échapper).

Pour qu'une entreprise de séduction fonctionne, il faut que la personne convoitée soit dans la même posture que vous. Si elle est supra-fermée, ne soyez pas trop open, ou elle risque de se sentir envahie, décoincez-vous progressivement. Un truc imparable qui détermine pas mal la suite des événements : avoir le bon sourire. Le bon sourire, c'est celui qui est sincère, qui vient du fond du cœur, qu'on a envie de partager : il remonte jusqu'aux oreilles et fait plisser les yeux.

* HAVE FUN

Que vous soyez en boîte, en speed dating ou à un dîner chez des amis, c'est important de **dédramatiser** l'enjeu. Oui, vous êtes célibataire et vous aimeriez bien trouver votre prince, mais si vous restez trop concentrée sur votre objectif, vous risquez finalement de le louper (et aussi de vous faire cataloguer « fille en chasse », et ça c'est franchement pas très attirant) !

Pas convaincue ? Regardez votre alter ego masculin en train de scruter méticuleusement tout ce que la soirée compte de célibataires, vous trouvez ça sexy, vous le plan de chasse ?

Le mieux : **être naturelle et surtout essayer de s'amuser !** À défaut de LA rencontre, vous vous serez éclatée et ça c'est over bon à prendre. Et pour tout vous dire, une fille juste heureuse d'être là et qui le montre a de fortes chances d'être remarquée. Alors on se moque de ne pas savoir danser (peu de risques qu'un jury de danseurs pros soit dans la salle), on se trémousse, on lève les bras, on renverse sa tête en arrière ; en un mot : **on se lâche !**

* DRAGUER TOUT CE QUI BOUGE

Vous vous en doutiez sans doute, mais se jeter sur tout ce qui a de la barbe, des biscotos, et quelque chose entre les jambes, n'est pas très digne d'une bombe. OK, vous êtes célib', majeure et vaccinée, mais à vous embarquer à corps perdu dans un nombre incalculable d'histoires, vous risquez de vous récupérer une réputation sulfureuse, de ne pas beaucoup avancer dans votre quête de l'homme idéal et en conséquence d'attraper un sacré coup de bambou. Avoir eu vingt-sept histoires l'an passé, ça n'aide pas à trouver sa moitié, surtout si huit étaient GO, cinq, barmen, sept, DJ, et sept, marins.

Que ce soit bien clair : loin de nous de vous faire la morale et de vous empêcher de vous amuser. Si vous êtes seule et qu'un beau brun vous titille, vous aurez carrément tort de ne pas succomber. Sachez juste faire la différence entre passer un bon moment entre adultes consentants et s'amouracher tous les quatre matins. Les incorrigibles romantiques qui voient l'amour à tous les coins de rue auront du mal à oublier ce garçon qui leur a souri dans le métro ce matin-là, mais comme disent les (beaux princes) Berbères : laissez faire le mektoub...

* NE VOUS COMPORTEZ PAS EN CONSOMMATRICE

Depuis vos 4 ans et demi, le prince charmant a peut-être les traits d'un blond d'1,80 m aux yeux bleus, une maison en Sologne, un QI renversant, et un métier de super héros... Si vous partez à sa recherche avec ces critères précis en tête, vous avez à peu près autant de chances de le trouver que de gagner au Loto. Par contre, si vous cherchez juste un mec sincère, marrant et tendre, c'est déjà mieux parti.

Les sites de rencontre font remplir des questionnaires longs comme le bras, dans lesquels il s'agit de détailler ses préférences (taille, couleur des yeux, origine ethnique...), pour permettre de trouver LE grand amour. La méthode donne plus l'impression d'être dans les rayons d'un supermarché ou chez un concessionnaire à la recherche de la voiture multi-options dernier cri... Perfectible, le procédé l'est d'autant plus qu'il suffit d'indiquer une taille minimale d'1,75 m pour vous voir passer à côté de l'homme de votre vie s'il ne mesure qu'1,73 m. Quant à l'assurance que le beau blond aux yeux bleus, d'1,80 m, avec bac + 5 et carrure athlétique soit un charmant garçon, peut-être, mais rien n'est sûr... Ce qu'on cherche à vous dire en clair : laissez-vous charmer par un type qui ne correspond a priori pas à votre longue liste de critères et envoyez valser cette même liste pour ne vous concentrer que sur l'essentiel (un garçon honnête ? un mec doux ? un type rigolo ?). Être open minded, c'est encore ce qu'il y a de plus sexy. Et si vous avez un peu de chance, ce charmant garçon mais trop mal sapé sera peut-être ravi d'écouter vos précieux conseils de relooking et cet adorable type qui joue six fois au rugby dans la semaine sera peut-être tenté de sécher une ou deux séances pour rester à vos côtés… En fait, certains petits détails qui vous rebutent peuvent être améliorés. À tel point qu'au bout de quelques mois, vous rigolerez en pensant que vous auriez pu passer à côté de votre chéri à cause d'un jean mal coupé…

OPÉRATION SÉDUCTION
DES BEAUX-PARENTS

Le but : leur plaire en restant vous-même.

✳ LES ERREURS À NE PAS COMMETTRE :

* **Être trop familière :** non, on ne tutoie pas son bop' à la fin du premier déjeuner, aussi sympa soit-il, et même si le bordeaux a coulé à flots.

* **Être trop coincée :** c'est n'est ni un entretien d'embauche ni la présentation de votre thèse et votre vie n'en dépend pas (encore).

* **Rouler des pelles à son chéri :** vous risquez d'effrayer sa mère (peut-être pas encore préparée à l'idée que son fils ait une autre femme dans sa vie) et de le mettre mal à l'aise, lui...

* **Aborder des sujets polémiques :** la religion, la politique... Pour une première entrevue, c'est tendu !

* **Les prendre pour des demeurés s'ils habitent la campagne :** oui, oui, c'est bien une Freebox, et oui, même au fin fond de la Creuse, en 2011, on a l'ADSL.

* **Étaler en pâture le salaire de leur fils :** ils n'ont peut-être pas idée de ce qu'il gagne et risquent de penser que ce sujet vous intéresse trop pour être honnête. Même remarque concernant les performances sexuelles de leur rejeton...

* **Les rembarrer d'entrée pour montrer qu'on a du caractère** et qu'on ne se laisse pas faire. Si la belle-doche dit un truc de travers, on laisse couler pour cette fois-ci. C'est un round d'observation, il sera toujours le moment de passer à l'action par la suite et de montrer qui on est vraiment (et pourquoi pas sortir les griffes...).

✳ PAR CONTRE, ÇA OUI :

* **Aider à débarrasser :** + 5 pour la fille bien élevée !

* **S'intéresser à eux :** leur travail, leur passion, leurs vacances…

* **Se mettre à leur niveau :** beau-papa aime les films de Belmondo, et belle-maman ne lit que des Harlequin ? Pas la peine de les bassiner avec le cinéma de Desplechin, ni sur le dernier essai philosophique que vous avez lu. Parlez-leur de ce qu'ils aiment.

* **Être spontanée et naturelle :** (au fond, montrez-vous comme vous êtes, c'est plus simple et plus efficace).

* **Parler français :** le verlan, le franglais, les « über » par-ci, les « touchy » par-là, ça risque de les dépasser un peu.

* **Les complimenter sans trop en faire :** « Votre salon est ravissant », c'est bien ! « Oh, mon Dieuuu, je n'ai jamais vu un intérieur aussi époustouflant de toute ma vie », c'est trop.

* **Arriver avec un petit présent :** renseignez-vous sur leurs goûts. Au pire, c'est fleurs pour la mère, bouteille de vin pour le père. Pas de prise de risque, pas de fautes de goût !

Équation du JOUR :

5 % d'accessoires féminins

+ 8 % de décolleté pour avoir l'air sage

+ 70 % de jambes dévoilées pour montrer qu'on est bien gaulée (ou inverser avec le décolleté)

+ 17 % de talons pour gainer la gambette sans jouer les vamp'

= 100 % SEXY !

ENCHANTEZ
VOTRE QUOTIDIEN

Préparer des petites surprises (cuisiner son plat préféré, lui offrir le dernier roman de son écrivain favori, organiser un week-end en amoureux à la mer, l'inviter au restau en bas de chez vous...), fêter tout ce qu'il y a à fêter (les annivs, votre promo, le retour du soleil, une bonne nouvelle...), bannir les tue-l'amour (la télé, dormir en pyj', lui grogner dessus le matin sous prétexte que vous n'êtes pas du matin, votre jogging informe, vos culottes qui datent du siècle dernier...), manifester votre amour et le valoriser (lui dire qu'il est beau et sexy, vanter sa force incroyable quand il porte les courses seul, vous émerveiller de son don pour le bricolage...).

Tous ces petits trucs-là, ça compte dans une vie de couple. Bien sûr, c'est difficile d'échapper à une certaine routine, mais si on peut l'agrémenter de petits moments doux et de parenthèses romantiques, ça insuffle une brassée de tendresse et de complicité. C'est aussi le moyen d'entretenir son couple et de continuer à séduire l'autre. Et puis un «je t'aime mon amour» griffonné sur un Post-it avant de partir bosser, ça fait plaisir et c'est à la portée de tout le monde.

TÉMOIGNAGES DE FILLES : COMMENT ELLES BOOSTENT LEUR COUPLE

* « J'essaie d'être attentive quand il exprime un désir, un souhait. Je ne relève pas sur le coup et je lui fais la surprise plus tard. Dernière en date : des places pour une pièce de théâtre dont il m'avait parlé et qui le tentait. Je lui ai donné rendez-vous un soir à la station de métro la plus proche du théâtre et je l'attendais avec les billets. C'est pas grand-chose, mais ça lui a fait plaisir. »
Anaïs

* « Quand je le sens triste, je l'invite au restau américain à cinq minutes de chez nous. Un méga hamburger, une assiette de frites et du Coca, ça lui remonte le moral ! Il se régale, et moi, je me dis que j'ai de la chance que ce ne soit pas le caviar qui le rebooste ! »
Charlotte

* « Je bosse toute la journée en chignon-tailleur-talons, alors le soir je n'ai qu'une envie : me mettre à l'aise ! Comme je ne m'imagine pas traîner à la maison en tee-shirt Orangina des années 80, j'ai investi dans des tenues d'intérieur ! Ne croyez pas que j'aie acheté une robe de chambre ! Non, j'ai des pantalons fluides en satin, des tee-shirts en jersey, des sweat gilets en velours doux, à la fois confort et pas moches. »
Anne

* « Je lui ai fait faire le tri dans ses fringues quand on a emménagé ensemble. Exit le maillot du PSG, bye-bye les chaussettes rigolotes avec des personnages dessus, et ciao les jeans où on rentre à trois dedans. La contrepartie : j'ai abandonné ma collection de culottes Snoopy. »
Julie

* « Mon chéri, je l'aime, et je trouve que c'est le plus beau et le plus fort et je lui dis souvent. Il rétorque que j'exagère, mais au fond, il aime bien ça, que je l'encense... »
Katie

* « Parfois mes copines se moquent de moi, car je me pâme d'admiration devant mon mec, du coup elles l'ont surnommé "Monsieur parfait". Je n'y peux rien s'il est si gentil, adorable, sexy, fort, intelligent... »
Maylis

* « Il adore tout ce qui touche à l'Italie : les pizzas, Monica Bellucci, le capuccino, le Milan AC, les pâtes et le chianti. Pour ses 30 ans, je l'ai emmené en week-end surprise à Rome, trois jours de dolce vita dont il se souvient encore. »
Claire

WEDDING, WEDDING, WEDDING !

Vous l'aimez, c'est l'homme de votre vie, vous en êtes sûre et souhaitez donc lui passer la bague au doigt. Logique de fille qu'on comprendra toutes. Sauf que l'homme est parfois un peu plus pragmatique que romantique et il ne voit peut-être pas l'intérêt du mariage. Dans sa tête de garçon : il vous aime et n'a pas besoin de signer des papiers, de louer Versailles et de convoquer une centaine de personnes pour le prouver.

Si vous le sentez moyen motivé, évitez de le saouler avec ça un soir sur deux... Exprimez clairement votre désir, argumentez une bonne fois pour toutes sur les raisons qui vous tiennent à cœur, et basta. L'idée doit faire son chemin dans sa tête, mûrir, et ça peut prendre du temps ! On ne saurait trop vous conseiller un peu de patience.

Une fois que vous le sentirez un peu plus open-minded à ce sujet, revenez à la charge en lui expliquant que vous n'êtes pas obligée de porter une robe dessinée par Karl Lagerfeld, que votre petit cousin peut faire le DJ (si Bob Sinclar n'est pas libre), que si vous repérez une jolie bastide, ça sera parfait pour la réception, et que si le traiteur n'est pas Alain Ducasse, ça le fera aussi. Les mecs se font parfois toute une montagne du mariage et n'imaginent pas que cela puisse être une réception simple et qu'on ne veut pas forcément toutes un mariage de princesse.

L'autre problème qui relève plus du fond que de la forme, c'est sa peur de perdre sa liberté. Encore une fois, patience... Expliquez-lui qu'il n'y a pas de lien de cause à effet entre la liberté et le mariage et que votre but n'est pas de l'enchaîner à vous et de le couper du reste du monde. Plus vous serez cool et respectueuse de sa vie en dehors de vous (sorties entre potes, entraînement de foot, week-end annuel entre garçons...), plus ce sera facile de le convaincre que ce n'est pas un morceau de papier qui va changer la donne. Et on peut même pousser le bouchon, en lui démontrant qu'une fille qui comprend aussi bien son désir de liberté, ça court pas les rues, et qu'il faudrait p't-être songer à l'épouser.

THINK DIFFERENT

Proposez-lui un mariage qui sort un peu de l'ordinaire (si c'est un poil décontracté, il y a de fortes chances qu'il adhère, les mecs ne sont, en général, pas trop fans de la tradition) : pique-nique géant, mariage punk, ambiance bar de la plage, vintage, cérémonie à l'autre bout du monde avec vos deux meilleurs potes, 100 % écolo... Si vous pêchez un peu, vous trouverez sur le Net un milliard d'idées qu'il ne vous restera plus qu'à adapter à votre budget, vos envies et vos personnalités. Rappelez-vous que la seule chose qui soit importante, c'est de vous faire plaisir ce jour-là à tous les deux (et non pas à maman, ni à papy ou beau-papa). Et aussi que les plus beaux mariages ne sont pas les plus somptueux mais ceux où les fiancés irradient d'amour l'un envers l'autre et laissent exploser leur bonheur.

✳ LEUR MARIAGE À EUX

* « On a organisé un méchoui dans le jardin de mon oncle. On était une grosse trentaine, potes et familles les plus proches. C'était très bon enfant, on a dansé toute la nuit. C'était à notre image, on a adoré. »
Théo et Marie

* « On s'est mariés dans la matinée dans la plus stricte intimité, environ une quinzaine de personnes. On avait réservé un restau dont on est des habitués pour le repas du midi. Et à 16 heures, on est partis direction l'aéroport. On décollait le soir même pour notre voyage de noces. »
Anthony et Louise

* « Tous les deux fans de snowboard, on a choisi de se marier en plein hiver à la montagne ! Sitôt la mairie finie, on a enfilé nos combis et on est partis rider tout l'après-midi avec une poignée de potes. Le soir, on s'est tous retrouvés dans le chalet qu'on avait loué pour une soirée montagnarde. Raclette et génépi pour un mariage, ce n'était pas commun. Les flocons de neige qui tombaient dehors et nos proches réunis autour de la cheminée sont des merveilleux souvenirs. »
Baptiste et Éléonore

* « Nous, au programme, c'est désert, soleil et tentes berbères ! On part au Maroc et on va faire la fête pendant une semaine ! »
Manuel et Aude

* « Jeunes parents depuis peu, on voulait officialiser, mais pas le temps de s'en occuper. On s'est dit oui devant notre bébé et nos deux meilleurs amis, qui ont vendu la mèche à toute la bande de potes et ont organisé une super soirée à notre place pour fêter notre union. »
Harold et Luce

* « Ça ressemblait plus à une teuf qu'à un mariage classique ! Buffet froid, quelques canapés et fauteuils mais pas de table, ni de chaise, quasiment que des potes, le strict minimum en famille mais surtout du pur son qui nous a emmenés au bout de la nuit. »
Benoît et Alexandra

DANSEZ !

Inscrivez-vous ensemble à un cours de danse. Vous risquez de bien vous amuser au début (et de vous marcher sur les pieds), et par la suite, ça devrait devenir plus torride. La danse, c'est une formidable ode à la sensualité, à la volupté, et beaucoup de sensations en perspective. Rappelez-vous Patrick Swaze et Jennifer Gray dans Dirty Dancing (ou Romain Duris et Vanessa Paradis dans L'Arnacœur...). C'est imparable pour embraser votre partenaire et attiser son désir. Partager une activité avec son partenaire rapproche et contribue à créer des nouveaux liens sans s'endormir sur ses lauriers. Et en plus, vous pourrez parader dans les soirées (et ça, ça n'a pas de prix !).

*** Salsa**

Passionnée, épicée, joyeuse et sensuelle, la salsa a tout bon ! Les pas de base sont assez simples et on progresse rapidement. Alors n'hésitez plus et vibrez sur les sons latinos calientes !

*** Tango**

Élégance, mystère, passion, le tango est torride ! Oubliez les bals, et pensez beaux bruns aux cheveux gominés, féminité exacerbée, et séduction maximale. Laissez-vous guider, c'est l'homme qui conduit.

*** Rock**

Indémodable, sportif, festif et fun, le rock, c'est passionnel ! De l'avis de tous, c'est une discipline géniale pour évacuer le stress et libérer son énergie. On pense à tort que c'est difficile alors qu'on peut très bien s'éclater sans réaliser d'acrobaties.

SOYEZ **CRÉATIVE**

Un couple, c'est un peu comme un feu, il faut des flammes et de la braise ardente. Pour entretenir la flambée et même provoquer des étincelles, c'est bien de vivre plein de choses, de se créer des jolis souvenirs, etc.

Un dimanche pluvieux = proposez-lui de braver la pluie pour aller bruncher dans ce restau si cosy avec sa cheminée et ses fauteuils clubs, à seulement dix minutes de chez vous.

Un soir de semaine ordinaire = sortez des bougies et une jolie nappe, juste pour le plaisir d'une ambiance romantique, et même si c'est des pâtes que vous allez manger.

Un après-midi en balade solo = achetez une carte postale, griffonnez-lui quelques mots d'amour et postez-la. Une jolie surprise en perspective.

Un week-end d'hiver = faites des courses le vendredi pour tout le week-end et organisez-vous quarante-huit heures sans sortir de chez vous (et que personne n'entre non plus). Au programme : câlin, bains chauds, câlin, films, câlin, cuisine en duo, câlin...

Une semaine de vacances = si l'un d'entre vous a un rêve fou, faites en sorte de pouvoir le réaliser. Un trek dans la cordillère des Andes, nager avec des dauphins, voir le Taj Mahal, découvrir le Japon... Si vous vous y prenez très à l'avance, les frais seront moindres et le rêve à portée...

COACHEZ-LE !

Drivez votre homme en lui faisant croire que c'est lui qui pilote, c'est vieux comme le monde, mais ça marche à tous les coups !

* Laissez traîner le catalogue du Club Med, et extasiez-vous quand il vous annonce avoir réservé dix jours en février aux Antilles.

* Dites-lui de choisir pour la peinture de la cuisine entre le gris et le rouge mais ajoutez que le gris vous file le cafard. Non seulement il optera pour le rouge, mais le plus dingo, c'est qu'il croira avoir choisi.

* Demandez-lui ce qu'il veut faire aujourd'hui mais rappelez-lui le programme établi. En gros, la vraie question, c'est « dans quel ordre, tu veux faire ? » mais c'est plus sympa et ça passe mieux de formuler ainsi : « Qu'est-ce que tu veux faire ? »

* Dites haut et fort qu'on vous a loué la beauté de la Croatie, sa gastronomie et l'hospitalité de ses habitants. Vous savez déjà où vous partez pour les prochaines vacances...

* Laissez-lui le choix de la voiture, c'est de bonne guerre... Mais n'oubliez pas de préciser qu'elle doit avoir la clim', un intérieur en cuir, être facile à garer, que le coffre soit assez grand pour la poussette du petit, et qu'on ne va pas non plus s'endetter cent sept ans pour la payer.

* Au supermarché, dites-lui d'acheter ce qui lui fait plaisir, mais refourguez-lui une liste précise.

ET LES BÉBÉS ?

Quand on devient parents, il y a deux choses qui s'abattent sur vous de manière foudroyante : un tsunami de bonheur et une fatigue irréparable. Le piège, c'est de s'émerveiller à longueur de journée sur son bébé et d'oublier tout le reste en prétextant la fatigue. On n'a pas dit qu'il fallait se transformer en Wonder woman et aller courir une heure chaque matin, danser lascivement pour son homme le lendemain de l'accouchement ou laisser son bébé tout seul pour aller consoler Pam qui s'est encore fait plaquer. Autant il est normal et sain de se consacrer à son enfant, autant il peut être dangereux à la longue d'oublier son couple, ses amis, ses hobbies, etc.

* RESTER DES PARENTS IN LOVE

Déléguez : si vous en avez la possibilité, faites garder votre progéniture par une mamie, un tonton ou une baby-sitter une fois par mois pour vous organiser une soirée en amoureux. Faites de ce rendez-vous une institution. Ciné, restau, tête-à-tête à la maison, opéra... Oubliez le temps de quelques heures couches et biberons et consacrez-vous l'un à l'autre.

Restez en contact : suites de couches + peu de sommeil ne sont pas très propices à une vie sexuelle effrénée (ou alors vous êtes très forts !), mais ne négligez pas pour autant les gestes tendres. S'endormir dans les bras de son chéri, se tenir la main, s'embrasser, se caresser, se masser demandent peu d'énergie mais sont très réconfortants et entretiennent votre amour.

Répétez-vous que vous vous aimez : c'est tellement bon à entendre et c'est un peu le ciment de votre famille.

Marquez votre territoire : chacun sa chambre. Les enfants la leur et vous la vôtre, dans laquelle il est interdit d'entrer sans avoir frappé...

Faites le point en début de soirée sur ce qui concerne les enfants (école, repas, pédiatre...) et parler d'autre chose une fois qu'ils sont couchés (le prochain week-end entre potes, ce film que vous aimeriez bien voir, votre boulot...).

* RESTER DES POTES FRÉQUENTABLES

Diversifiez vos sujets de conversation : tous les faits et gestes de babychou n'intéressent que vous et son papa, bien que ce petit être soit extraordinaire, la Terre ne tourne pas autour de lui. Donner des news de son bébé, montrer deux, trois photos, raconter une anecdote rigolote, c'est oui, mille fois oui. Par contre détailler ses menus, la couleur de son caca et tout le toutim, c'est non, sous peine de barber vos potes (voire de faire vomir les célibataires sans bébé).

Sortez : OK, le Macumba + le Tropicana + la Havana comme au bon vieux temps, ça fait un peu trop. Sans faire la tournée des grands-ducs, un dîner entre copines c'est déjà top. Ça change les idées, on se marre, on apprend des trucs, ça fait juste un bien fou. À se prescrire le plus régulièrement possible (faites un deal avec votre homme : une soirée par mois en célib' par personne, et l'autre baby-sitte) !

Drivez vos petits : si vous vous rendez chez des amis accompagnés de vos bambins, fixez des règles et prenez des précautions. « Oui, à la maison, on peut sauter sur le canapé et écraser son Kinder sur la moquette, mais pas ici ! » Avec un bébé, on ne se déplace pas sans le très chic « sac à couches » qui vous permettra de ne pas encombrer la poubelle de vos potes d'une substance certes naturelle, mais à laquelle ils ne sont guère habitués.

Laissez vos potes s'approcher de votre petit : tout le monde sait maintenant qu'on se lave les mains avant de toucher un bébé et que s'il est vraiment mini, il faut lui tenir la tête. La maman lionne qui flique tout le monde, établit un périmètre de sécurité et oblige les visiteurs à enfiler une combinaison anti-bactérienne, c'est pas très cool.

Isolez-vous pour téléphoner : ce n'est pas possible de tenir une conversation et s'intéresser à ce que vous dit votre copine s'il y a des cris, des pleurs, et des drames en tous genres autour de vous (et c'est super relou pour votre pote). Dans le même genre : à moins qu'ils puissent parler à haute et intelligible voix, ne passez pas le combiné aux enfants (« blurp, allô, chouign, shcrak, alo » : c'est cool quand on a le décodeur, sinon on capte rien !).

SOYEZ VOUS-MÊME EN MIEUX

Il vous aime, son amour est inconditionnel, et vous êtes son conte de fées. OK. Cela dit, le matin, il vous préfère sans doute en nuisette ou encore lovée dans sa chemise que dans votre pyjama nounours. Fort à parier qu'il vous embrassera avec encore plus de fougue si votre haleine sent le menthol et pas la vodka d'hier soir... On ne vous dit pas de mettre le réveil une heure avant pour être maquillée lorsqu'il ouvrira un œil (ce serait carrément de la folie de ne jamais se montrer à « l'état pur »), mais un léger raccord make-up avant de se retrouver le soir, pourquoi pas ?

Question caractère, on ne va pas vous changer, mais essayez quand c'est possible d'arrondir les angles. À la limite, si vous êtes d'une humeur détestable après une sale journée, dites-lui d'entrée plutôt que de lui hurler dessus toute la soirée. Avec un peu de bol, il comprendra et cherchera même à vous détendre (et sinon, il vous fichera la paix, ce qui n'est pas si mal non plus !).

Il ne s'agit pas de faire des efforts tous les jours, la vie à deux n'est pas une compétition et chacun est bien heureusement perfectible, mais tenter d'améliorer son quotidien, c'est plutôt un pari gagnant (il va vous aimer encore plus !). Être à l'aise et naturelle avec son homme, c'est indispensable, mais ça ne veut pas dire se négliger sur toute la ligne sous prétexte qu'il vous aime comme ça. Vous réagiriez comment, vous, devant un homme grognant en pyjama Spirou et qui sent le cendrier fétide ?

NE LUI PARLEZ PAS COMME À UN GAMIN

Les « Jean-Mi, je ne suis pas du tout contente de toi », et les « Paulo, raaaaange tes chaussettes, je compte jusqu'à trois », très peu pour lui. Si vous avez des reproches à lui faire, faites-les, mais de façon adulte et d'égal à égal. Dites-lui ce que vous avez sur le cœur et pourquoi telle situation ou telle phrase qu'il a dite vous chagrine, vous énerve ou vous tracasse. Ne gardez jamais pour vous des contrariétés (sous peine de lui en vouloir encore plus et de lui faire payer au centuple), mais attendez juste le bon moment pour en parler. Invitez-le à faire de même et à vous dire au fur et à mesure ce qu'il a sur le cœur.

Dans une conversation d'adultes intelligents quand on n'est pas d'accord, il y a quand même quelques astuces pour éviter le dérapage.

* ÉCOUTEZ-VOUS MUTUELLEMENT

Souvent quand on se dispute, on ne sait même plus pourquoi ça a commencé. On se perd dans son argumentation et on saute à la gorge de l'autre dès qu'on entend quelque chose qui nous déplaît. Ça finit en explosion avec beaucoup d'énervement et aussi de la tristesse. Même si ce qu'il nous dit paraît absurde, le mieux c'est de l'écouter jusqu'au bout, car sans ça, aucune chance de comprendre le malaise. Exigez qu'il fasse de même en retour, et s'il vous coupe en plein milieu, faites-lui remarquer que vous n'avez pas terminé.

* ON GARDE LE CONTRÔLE

Parfois, sous le coup de la colère, il nous vient des mauvais sentiments et on a envie de balancer des paroles qui peuvent faire mal, très mal. Le pire, c'est qu'on risque de les regretter à peine prononcées. C'est vraiment important de se censurer et de ne pas dire tout ce qui passe par la tête. Se disputer, et régler ses comptes, c'est une chose, mais pas la peine de blesser l'autre en plus (et de se culpabiliser à mort par la même occasion).

* ON LIMITE LA CASSE

Si vous sentez que ça monte, ça monte et que vous êtes au bord de l'explosion, mieux vaut suspendre les débats. Expliquez clairement que vous ne voulez pas fuir mais que vous préférez reprendre cette discussion un peu plus tard lorsque vous serez dans de meilleures dispositions. Sortez marcher un peu, prenez une douche, bref essayez de vous calmer.

* NE VOUS ENDORMEZ PAS FÂCHÉS

C'est pas toujours évident de faire le premier pas, mais souvent payant. Si vous pensez que vous êtes allée trop loin ou que vous êtes à l'origine de la dispute, dites-le. Un simple «je suis désolée qu'on se soit disputés, ça me fait de la peine» peut suffire à vous rabibocher. Dans le même genre, lui dire que même si vous n'êtes pas tout à fait d'accord, vous avez entendu ce qu'il avait à vous dire et que vous y réfléchirez, ça peut être rassurant, il se sentira écouté et ça prouve au moins que parfois une dispute peut porter ses fruits.

Je t'attends dans la chaaambre...

SEEEEEEEX***

On a gardé le meilleur pour la fin, mais qui dit bombe dit obligatoirement bombe sexuelle… L'idée, ce n'est pas de se transformer en Clara Morgane et de beugler sa jouissance, mais plutôt de s'amuser, d'être open et inventive… Les bonnes pistes : dédramatiser l'enjeu, être à l'écoute de son corps, respecter ses limites… Bref, se rappeler que le sexe, c'est avant tout du plaisir !

LES 10 BOMBES MONTANTES

Elles font de plus en plus parler d'elles et on comprend pourquoi...

Y a pas photo, elles sont superbes et carrément hot ! Et ce n'est pas le public masculin qui dira le contraire ! Et si le nom de certaines vous est encore inconnu, ce qui est sûr, c'est que ce n'est plus pour longtemps !

Chery Cole

→ La petite fiancée de l'Angleterre a été élue deux fois de suite femme la plus sexy du Royaume-Uni.

Alesandra Ambrosio

→ La Brésilienne porte le bikini comme personne !

Miranda Kerr

→ Elle n'est pas le mannequin star de Victoria's Secret pour rien...

Chanel Iman

→ Les Américains trouvent « gorgeous » cette superbe panthère !

Adriana Lima

→ C'est ce top qui a eu le privilège de porter le soutien-gorge le plus cher du monde, constitué de diamants et de saphirs.

Liya Kebede

···❖ Cette jolie jeune femme ne se contente pas d'être un des mannequins les mieux payés au monde, elle est aussi actrice.

Inna

···❖ Le premier tube de cette chanteuse roumaine : « Hot », déjà tout un programme...

Leighton Meester

···❖ On découvrira bientôt l'actrice de Gossip Girl dans une scène très caliente au cinéma.

Rachel Bilson

···❖ Elle est la preuve que l'on peut être une bombe sexuelle sans avoir 1,20 m de jambes !

Katy Perry

···❖ L'interprète d'I kissed a girl est la reine de la provoc' !

TEST QUEL EST VOTRE QUOTIENT HOT ?

Glacé, tiède ou chaud-bouillant ?

1. Vous vous réveillez après un rêve érotique...

★ Vous sautez sur votre partenaire.

♦ Vous vous sentez bizarre et vous vous demandez ce que cela signifie.

✤ Vous vous caressez.

2. Après l'amour, le plus souvent, vous vous sentez...

★ Rassasiée.

♦ Frustrée.

✤ Encore demandeuse.

3. Vos fantasmes...

♦ Vous les gardez pour vous.

★ Vous en parlez ouvertement à votre partenaire.

✤ Vous les avez déjà réalisés.

4. Coucher le premier soir...

♦ Beaucoup trop tôt.

★ Pourquoi pas si j'en ai envie.

✤ Une obligation pour savoir si ça vaut la peine de continuer.

5. Votre lingerie préférée...

- ♦ Un ensemble à rayures pastel.
- ★ Un ensemble sexy.
- ✤ Une guêpière.

6. Votre état d'esprit niveau sexe...

- ★ Pas de tabous, mais certaines pratiques me rebutent.
- ♦ Assez classique, avec des interdits.
- ✤ Sans limites.

7. Les sex-toys, vous en avez...

- ✤ Une belle collection.
- ★ Un ou deux pour essayer.
- ♦ Jamais eu.

8. Ces douze derniers mois, vous avez fait l'amour...

- ★ Toujours avec le même homme.
- ♦ Pas une seule fois.
- ✤ Avec des partenaires différents.

9. Il vous emmène boire un verre, vous prenez...

- ★ Du champagne pour la légèreté.
- ♦ Un diabolo menthe pour garder votre maîtrise.
- ✤ Une boisson énergisante pour être en forme longtemps.

10. Quand vous ressentez un orgasme...

- ✤ L'immeuble entier est au courant.
- ★ Il est au courant.
- ♦ Il ne le sait pas forcément.

RÉSULTATS

Vous avez une majorité de ★

···› Apparemment, vous êtes plutôt à l'aise avec votre sexualité. Vous assumez vos envies et êtes open à de nouvelles propositions. Vous refusez de vous aventurer sur des terrains qui ne vous plaisent pas. Continuez comme ça, vous détenez sans doute les clés d'une sexualité heureuse.

Vous avez une majorité de ♦

···› Est-ce de la méfiance, du désintérêt ou de la timidité ? En tout cas, il semble que quelque chose vous freine, voire vous bloque complètement. Ça vaut le coup de vous interroger sur la question pour renouer avec une sexualité épanouie. Une fois que vous aurez trouvé les causes, tout devrait s'arranger et vous repartirez sur de nouvelles bases. Et comme on dit, l'appétit vient en mangeant…

Vous avez une majorité de ✤

···› Vous êtes très branchée sexe ! S'éclater sans tabous, c'est plutôt canon. Attention quand même de ne pas être trop dans la recherche de l'exploit ou des performances. Gare aussi à ne pas vous amouracher tous les quatre matins dans le seul but de satisfaire vos besoins.

TÉMOIGNAGE DE MECS : POURQUOI CETTE NUIT-LÀ AVEC CETTE FILLE-LÀ ÉTAIT INOUBLIABLE ?

* « Elle était sauvage sans être brutale, instinctive, animale, bref j'ai passé une nuit d'enfer avec cette tigresse. »
Charles

* « Loin d'être fétichiste, j'ai été subjugué par ses escarpins rouges dès que je l'ai vue entrer, un symbole d'érotisme chargé de promesses. Je lui ai demandé de les garder pendant qu'on faisait l'amour, je n'ai pas été déçu. »
Paolo

* « On n'avait encore jamais passé de nuit ensemble et pourtant c'est comme si elle me connaissait par cœur : elle savait ce que j'aimais et a frappé dans le mille de suite. »
Thomas

* « Pour moi, le meilleur aphrodisiaque, c'est le plaisir de l'autre et, avec cette fille-là, j'ai été comblé comme jamais. »
Maxence

* « Ça peut paraître cliché, mais cette nuit-là était inoubliable, car c'est la première fois que je faisais l'amour avec celle qui allait devenir ma femme, j'étais déjà très amoureux, donc c'était magique. »
Théo

* « Son côté brut de décoffrage m'avait séduit ; au lit, elle s'est avérée être débridée et sans limites. J'ai adoré. »
Clément

* « Joueuse avec de l'imagination et pas farouche, un cocktail explosif en somme... »
Hugo

* « Pas la nuit la plus torride, mais j'en garde un souvenir tellement romantique : après un pique-nique improvisé sur la plage un soir de pleine lune, on a fait l'amour très tendrement. »
Alexis

* « Elle sait ce qu'elle aime, ce qui la fait grimper au rideau et elle le dit. Simple et efficace : j'ai plus qu'à exécuter. »
Olivier

CHECK LIST AVANT
UNE NUIT D'AMOUR

* Sous-vêtements assortis (c'est le détail qui fera de vous une fille raffinée)
* Épilation nickel (a-t-on vraiment besoin de revenir sur ce point ?)
* Peau douce (si dans son souvenir, il a passé la nuit avec un crocodile, c'est perdu)
* Vernir ses ongles de pied (même en plein hiver, ils paraissent tout de suite plus happy !)
* Préservatifs à portée de main (il devrait en avoir aussi, mais on ne badine pas avec ça)
* Draps propres (c'est quand même la moindre des choses)
* Quelques bricole bricoles dans le frigo (une nuit d'amour, ça creuse et ça donne soif)
* Le *PATCH pour réussir ses sexercices*, glissé sous le lit (en cas de panne d'inspiration, ça vous redonnera des idées)
* Du café (on ne sait jamais, s'il nous fait l'honneur de rester dormir)
* Des lingettes nettoyantes (ni vu ni connu, on file dans les toilettes, une brosse à dents à la main, la lingette pour se faire une toilette de chat dans l'autre, on ressort fraîche deux minutes et demie après).

COMMENT ÉROTISER **SA CHAMBRE ?**

Faites rimer sommeil écourté avec sensualité, volupté et intensité.

* LES LUMIÈRES

Adieu plafonnier ! On privilégie les lumières indirectes et douces pour obtenir un éclairage chaud et tamisé. Vive les suspensions et les petites bougies.

* LES COULEURS

On opte pour les orange, rouge, jaune. Un seul mot d'ordre : des tons chauds. Il paraît qu'ils sont stimulants...

* LES DRAPS

On évite le lin, beaucoup trop rêche, et on plébiscite le satin. Une matière douce, qui glisse et produit de jolis plis. Moins sensuel, le coton peut quand même faire l'affaire.

* LES RIDEAUX

Ils peuvent être en taffetas ou en velours, toujours dans des tonalités chatoyantes toujours. Méga bingo : le pourpre.

✳ LE SOL

À moins d'avoir de la moquette, on peut poser des tapis (pas forcément la peau de bête, mais si ça vous fait rêver : foncez) pour éviter qu'il ne soit trop froid. Et ça permet de créer une nouvelle aire de jeux...

✳ LES ACCESSOIRES

Des coussins flamboyants, des miroirs, des appliques baroques, et pourquoi pas quelques plumes ? Ensuite, à vous d'inventer les jeux qui vont avec...

✳ LE PETIT PLUS

Réjouissez-vous si votre chambre est petite, cela sera plus facile pour créer une ambiance façon maison close... Imaginez tous les efforts que vous auriez eu à faire si elle avait la taille d'un terrain de tennis...

✳ À BANNIR

Les photos de famille (Papy qui reçoit la Légion d'honneur ou le petit neveu barbouillé de chocolat, c'est pas propice) et le réveil (il n'y a pas d'heure pour être heureux).

Merci à Stéphanie Exbrayat, décoratrice en intérieur et coach en déco (www.nextdeco.net).

LA PLAYLIST LA PLUS HOT

Il vous faut des notes enveloppantes, un fond jazzy ou classique c'est top, et aussi des morceaux pas trop connus et un poil tendance... Non aux Christophe Mahé, Raphael, Calogero et toute la clique... On n'a rien contre eux, mais d'une, vous n'êtes pas là pour chantonner, deux, les boys ne les aiment pas toujours, et trois, des paroles anglaises sonnent mieux, c'est bête mais c'est comme ça...

✳ VOS IDÉES EN VRAC :

* Purple Rain, Prince
* Justify My Love, Madonna
* Careless Whisper, George Michael
* You Can Leave Your Hat on, Joe Cocker
* Fever, Michael Buble
* Safe from Harm, Massive Attack
* Still Lovin You, Scorpion
* Crazy in Love, Beyoncé
* Dirrty, Christina Aguilera
* Kiss from a Rose, Seal
* Slow, Kylie Minogue
* Je t'aime, moi non plus, Serge Gainsbourg

··· **Et sinon :** Des compil' toutes prêtes sur Amazon.com (Music to Make Love by ; Erotic Lounge ; Lovers Lounge ; Erotic Moods...)

DÉSHABILLEZ-VOUS... MAIS PAS TROP VITE

* OÙ PRENDRE DES COURS DE STRIP-TEASE ?

ArtStrip propose des cours d'effeuillage, en particulier ou entre copines (de 20 à 150 € selon la formule choisie). Les sessions durent entre deux et quatre heures.
Au programme : des conseils make-up, coiffure, look et ambiance, et aussi des leçons de séduction, de danse, et une chorégraphie personnalisée. L'intérêt, c'est aussi d'oublier ses complexes et de booster son potentiel de séduction en affichant assurance et confiance en soi. Les cours sont ouverts à tout le monde et la clientèle est variée ; seule condition requise pour participer : avoir envie !

ArtStrip School
www.artstrip.world.com
Et aussi : **www.strip-for-you.com**

Violeta Carpentier, fondatrice d'ArtStrip et auteure de *Osez... le strip-tease* aux Éditions La Musardine, nous confie les clés pour réussir un premier strip-tease.

« Les vêtements doivent être faciles à enlever. Une jupe et un chemisier, c'est parfait pour commencer. Laissez tomber les pantalons, lacets, et corsages, trop compliqués. Réservez les bas et les porte-jarretelles pour plus tard quand vous serez plus expérimentée. Enfin, pas de robe non plus, car on l'enlève d'un coup, c'est trop rapide ! Le maquillage doit être glamour mais jamais vulgaire, préférez rester dans des tons neutres comme le gris, le brun...
Concernant la musique, choisissez avant tout un morceau que vous aimez et écoutez-le souvent pour l'avoir bien en tête. Préférez quelque chose de doux pour ne pas paniquer si vous ne suivez pas le rythme, avec le temps vous pourrez opter pour une cadence plus soutenue. La lumière, elle, doit être tamisée : jamais de source lumineuse directe. Vous pouvez remplacer les ampoules existantes par des ampoules de couleur dans des tons chauds.
Enfin, n'hésitez pas à utiliser quelques accessoires avec lesquels vous pourrez jouer lors de votre show : gants, boa, chapeau... »

✳ ET SINON ?

Si vous êtes plutôt autodidacte ou trop timide pour pousser la porte d'une école de strip-tease, offrez-vous un cours en DVD (que vous pourrez toujours vous faire envoyer si vous n'osez pas aller à la caisse avec) et entraînez-vous à la maison. Et en plus vous aurez peut-être Carmen Electra en prof ou une danseuse du Pink Paradise...

Et quand vous aurez un peu plus d'aisance, lancez-vous dans le strip costumé ! Pour réaliser les scénarios les plus fous, rien ne vaut un déguisement approprié... Soyez tour à tour infirmière, hôtesse de l'air, cow-girl, policière...

Où trouver des costumes :

www.bodytemptation.com
www.charmeetseduction.com

SÉANCE CINÉ

Proposez-lui de rejouer des scènes torrides et mythiques… Une jolie façon de se fabriquer des souvenirs croustillants…

✳ MATCH POINT

Le contexte : Chris (Jonathan Rys-Meyer) tombe fou amoureux de Nola (Scarlett Johansson), la fiancée de Tom, son pote, mais aussi sa belle-sœur puisqu'il est lui-même en couple avec la sœur de Tom. Vous suivez ? Bref, il y a ici une sacrée dose d'interdit…

La scène : Nola vexée par l'attitude de sa belle-famille sort prendre l'air. Il pleut des cordes. Chris la suit et l'embrasse fougueusement malgré une vague protestation de Nola : « On ne peut pas faire ça. » Il l'entraîne dans les champs, lui enlève sa chemise, la pluie bat de plus en plus fort et leurs vêtements leur collent à la peau. Nola finit par chevaucher Chris et s'ensuit une scène enflammée.

Le refaire : Hyper-facile, zyeutez la météo, puis si elle s'annonce catastrophique, proposez donc une petite balade bucolique à votre homme ! Peu de chance d'être surpris, car la pluie aura fait fuir tous les promeneurs.

Le risque : attraper un sacré rhume !

✳ TITANIC

Le contexte : Jack, un artiste pauvre (Leonardo DiCaprio), et Rose, une grande bourgeoise (Kate Winslet), tombent amoureux à bord du Titanic, le plus grand paquebot du monde en 1912.

La scène : Rose entraîne Jack dans une course-poursuite dans l'escalier pour atteindre les soutes. L'excitation est à son paroxysme et ils s'engouffrent dans un fiacre pour se cacher. Jack fait mine d'être le chauffeur et demande à Rose où elle veut aller, sa réponse est cash « aux étoiles ». Jack passe à l'arrière, embrasse langoureusement sa belle, dont, quelques instants plus tard, la main se plaque et glisse sur la vitre de l'auto embuée, signe d'un plaisir intense.

Le refaire : Pas compliqué du moment que vous avez une voiture et que vous êtes OK pour zapper le paquebot. On vous conseille fortement de rejouer cette scène de nuit pour plus de tranquillité, et si possible d'être près de la mer.

Le risque : se faire un lumbago !

* GHOST

Le contexte : Sam (Patrick Swayze) et Molly (Demi Moore) s'aiment d'un amour sincère et passionné. Tout bascule quand Sam est agressé et tué. Il devient alors un fantôme, communique avec une voyante et tente d'entrer en contact avec Molly.

La scène : En pleine nuit, Molly se lève, car elle ne trouve pas le sommeil. Elle se met à travailler devant son tour de potière. C'est alors que Sam arrive derrière elle et mêle ses mains à celles de Molly autour de la glaise. Leurs doigts glissent, leurs lèvres ne se quittent plus et une leçon de poterie très érotique débute.

Le refaire : Fastoche, on commence par télécharger Unchained Melody des Righteous Brothers pour la BO. Si votre truc, c'est plutôt la mosaïque, la confection de personnages en papier mâché ou le dessin au fusain, ça devrait fonctionner aussi, mais n'oubliez pas de travailler à la lumière de la bougie, et rien d'autre.

Le risque : à part celui de maculer le canapé blanc de peinture, argile, ou gommettes, on ne voit pas.

Mais c'est aussi l'occasion d'organiser une projection very private de Liaisons fatales, Sexe Intentions, La Leçon de piano, Dirty Dancing, Le Grand Bleu, Pear Harbor, Lady Chatterley, Vicky Cristina Barcelona, et bien d'autres encore...

TÉMOIGNAGES DE FILLES : **VOS TRUCS POUR LES RENDRE FOUS...**

* « Mon plan d'attaque, c'est de le chauffer par textos... Pas de grande littérature, des trucs simples. Je lui dis ce que j'ai envie qu'il me fasse en rentrant du boulot, ce que moi j'ai prévu pour lui, que j'ai hâte qu'il rentre, que mon désir est pressant... Imparable pour lui faire sécher la réunion de 19 h 30. »
Laure

* « Il faut oser, mais je n'ai encore jamais entendu de mecs qui n'aiment pas entendre de mots crus. Le tout, c'est de bien doser pour l'exciter à mort sans jamais franchir la ligne rouge (qui diffère selon les partenaires). »
Félicia

* « Je le déguste, un peu comme je ferais avec une glace... Je le lèche, je le suçote, je l'aspire, je donne des coups de langue ici et là... Oreilles, tétons, nombril, doigts, c'est selon mon inspiration du moment. »
Alexandra

* « Je me jette sur lui comme si j'étais affamée de lui... C'est flatteur et, jusqu'à preuve du contraire, rudement efficace. »
Julia

* « Je suis folle de son corps et il y a une telle tension sexuelle entre nous qu'à chaque fois, c'est explosif ! Je suis moi, je m'abandonne complètement, je ne réfléchis pas à ce que je devrais faire ou pas, et le résultat est... euh... époustouflant. »
Céline

* « Je le fais languir pour que la pression monte. Je l'excite à un moment où je sais très bien qu'on ne pourra pas faire l'amour, puis je le repousse, je le re-titille un petit moment après, etc. jusqu'au moment, tant attendu, où on pourra se jeter l'un sur l'autre. »
Julie

* « Crier, gémir, rugir... Je m'exprime et c'est un redoutable stimulant pour lui de savoir qu'il me provoque autant de plaisir. »
Mylène

* « Le surprendre. Je le chauffe dans des situations improbables (au restau, par exemple), je lui propose des scénarios (tu serais mon patron et moi ta secrétaire), je l'attends en très petite tenue, j'achète des sex-toys... C'est souvent très sympa, mais ça me demande beaucoup d'imagination et, à la longue, ça me met pas mal la pression. »
Karine

JEUX DE MAINS, JEUX DE COQUINS

Les jeux de société, c'est pas que pour les enfants et les papis. Oubliez les parties de petits chevaux et de bataille de votre enfance pour vous tourner vers des games plus glamour…

* LE PLUS SIMPLE : LES DÉS

Il suffit de jeter les deux dés, puis de s'exécuter… L'un des dés comporte sur ses différentes faces les parties du corps (seins, lèvres, fesses, pieds…) et l'autre des verbes d'action (mordiller, lécher, embrasser, caresser…).

À savoir : vous pouvez en profiter pour améliorer votre anglais, tout est écrit en français et aussi dans la langue de Shakespeare… Pas mal aussi pour les rencontres intercontinentales…

* LE PLUS INDISCRET : RÉVÉLATIONS

Le jeu s'articule autour de cent questions et missions variées pour mieux connaître son amoureux ou ses partenaires de jeu, car on peut s'amuser à plusieurs… Des révélations sages à des expériences plus trash, attendez-vous à tout !

À savoir : nécessite un minimum de sens de l'humour.

✳ LE PLUS MIGNON : CORPS À CŒUR ROMANTIQUE

Une centaine de petits papiers sont lovés dans un cœur, on les attrape avec une pincette. Tous les papiers comprennent une mission romantique ou un peu coquine (racontez-lui le meilleur orgasme qu'il vous ait procuré, écrivez un mot tendre avec votre langue sur son ventre...).

À savoir : le jeu existe en version kinky (pour les adeptes SM), amours saphiques (pour lesbiennes), plein de papillons (pour les amours naissants), et d'autres encore.

✳ LE PLUS SENSORIEL : JEU DE L'OIE

Le jeu auquel on jouait enfant revisité d'une façon coquine et subtile. Il s'agit d'un parcours créatif pour découvrir le corps et les envies de l'autre. On touche, on goûte, on regarde, et au final on s'échauffe pas mal...

À savoir : le premier arrivé à la case 69 a gagné le droit de soumettre la demande de son choix au joueur de son choix...

✳ LE PLUS INSTANTANÉ : SEXY GRATT

Comme à la Française des jeux, il suffit de gratter une carte pour jouer... On sait ainsi par quel préliminaire on va attaquer, où on va (commencer) à faire l'amour et dans quelle position.

À savoir : contrairement à la Loterie nationale, ici on gagne à tous les coups !

* LE PLUS GRADUEL : VICES ET DÉLICES

C'est un jeu de cartes avec des défis coquins, son originalité est de proposer trois couleurs correspondant à des « niveaux »... Le vert, c'est à la portée de tout le monde, le bleu c'est pour des joueurs entreprenants, et l'orange est réservé à un public averti...

À savoir : soyez bien sûre d'être à l'aise avec vos petits camarades de jeu...

Où les acheter ?

* www.nosjeuxcoquins.fr
* www.chambre69.com
* www.sensozone.fr

TEST QUEL SEX-TOY POUR VOUS ?

Canard vibrant, guêpière hot ou matos complet :
à chacune ses envies...

1. Le grand frisson pour vous, c'est quand...

★ Il vous susurre des mots d'amour.

♦ Il vous plaque contre la machine à laver et dégrafe votre soutien-gorge en même temps.

✤ Vous sentez le contact de sa peau sur la vôtre.

2. Qu'est-ce qui vous ferait acheter un sex-toy ?

★ L'envie de vous découvrir.

✤ Le désir de nouvelles découvertes.

♦ Le besoin de pallier ses absences.

3. Vous choisiriez votre sex-toy en fonction de...

✤ Sa forme.

★ Sa couleur.

♦ Sa performance.

4. Les joujoux sexuels...

★ Vous n'avez jamais essayé.

♦ Vous en avez une belle collection.

✤ Vous avez déjà tenté l'expérience.

5. Pour vous, le vibro, c'est...

★ Pour les célibataires.

✤ Un accessoire sympa.

♦ Un jouet indispensable.

6. Qu'est-ce qui compte le plus au lit de la part de votre partenaire ?

♦ Son imagination.
✤ Sa fougue.
★ Sa tendresse.

7. Votre chéri est en panne...

★ Pas grave, vous le câlinez.
♦ Vous dégainez illico votre sex-toy.
✤ Vous lui proposez un massage sensuel.

8. Où iriez-vous pour shopper sexy ?

★ Sur Internet pour la discrétion.
♦ Dans une boutique spécialisée pour le conseil.
✤ Dans une boutique de lingerie pour être moins impressionnée.

9. Quelle est votre devise ?

★ Tout est amour.
♦ L'imagination n'a pas de limites.
✤ Là où il y a de la gêne, il n'y a pas de plaisir.

10. Qu'est-ce que vous préférez dans l'amour ?

✤ Les préliminaires.
♦ La pénétration.
★ Les câlins après.

RÉPONSES

Vous avez une majorité de ★

··· Êtes-vous sûre d'en avoir vraiment envie ? C'est tout sauf une obligation et des millions de femmes ont une sexualité très épanouie sans posséder le moindre joujou intime. Les jeux de société type défis coquins sont peut-être plus adaptés si vous voulez pimenter votre sexualité. Quoi qu'il en soit, partez sur un objet plutôt soft, et surtout qui vous plaît.

Vous avez une majorité de ♦

··· Votre sexualité est carrément libérée et vous semblez bien vous connaître. C'est le duo d'enfer pour s'éclater, donc précipitez-vous sans restriction sur tout ce qui vous fait envie. Plaisir solo, ou partagé, c'est vous qui voyez ! N'hésitez pas à faire profiter monsieur de votre expertise et à lui conseiller l'anneau de ses rêves et des vôtres !

Vous avez une majorité de ✤

··· Votre truc à vous, c'est la sensualité. Les boules de geisha, l'huile de massage, la peinture pour le corps, la jolie lingerie, tout ça, ça vous parle ! Vous aimerez aussi les accessoires coquins, et tout ce qui vous permet de laisser vaquer votre imagination et de découvrir de nouvelles expériences.

WISH **LIST**

Que vous soyez novice, adepte des nouvelles technologies ou du luxe, il y a forcément un sex-toy pour vous !

* POUR UN PREMIER ACHAT :

Un stimulateur de clitoris sera parfait pour vous initier aux joies des sex-toys sans vous effrayer. Choisissez le waterproof pour l'emmener dans le bain, ou carrément rigolo pour dédramatiser !
Si c'est sur un vibro que vous jetez votre dévolu, optez pour un modèle plutôt mini, histoire de s'éduquer en douceur (vous aurez tout le temps de diversifier les tailles par la suite...), et n'oubliez pas le lubrifiant qui facilitera cette première rencontre.

Pourquoi pas ? Un canard vibreur ou un vibro rouge à lèvres (il passe incognito vu qu'il possède la taille d'un lipstick).

* SÉLECTION LUXE :

Les diam's, l'or, et les paillettes, ça vous plaît ! Si Sonia Rykiel et Chantal Thomass se sont lancées sur le marché, c'est pour les femmes comme vous, celles qui veulent un bijou, même (et surtout) pour leur sex-toy ! Fabriqués sur demande et livrés dans un écrin de satin, ils seront à la hauteur de vos exigences.

Pourquoi pas ? Si vous avez 40 000 € devant vous et envie d'un très beau bijou intime, courez place Vendôme à la maison Victor... Une création, pour le moins originale, vous y attend : or 18 carats et 117 diamants au programme... Et sinon, offrez-vous une bricole de chez Jimmy Jane ou encore Lelo, la haute couture du joujou sexuel.

⁎ FANS DE HIGH-TECH :

Le petit lapin rose ou le vibro girly Hello Kitty, c'est définitivement pas votre truc ! Heureusement pour les connected people et les amoureuses du design, il existe aussi un sacré choix !

Pourquoi pas ? Design épuré, OhMibod est beau comme un célèbre lecteur MP3 et vibre au rythme de la musique que vous écoutez, les mélomanes vont l'adorer. Incontournable dans cette catégorie, Secret Bullet Cry Baby est un vibro à télécommande (déjà vu) sans fil (inédit !). Choisissez bien à qui vous confiez la télécommande !

⁎ OÙ SHOPPER ?

Fiable et discret, le Net permet de faire ses achats ni vu ni connu...

* www.sexyavenue.com
* www.jardindesdames.com
* www.1969.fr
* www.love-to-love.com
* www.joujoux.biz
* www.softparis.com
* www.secondsexe.com
* www.passagedudesir.fr
* www.yobaparis.com

MASSAGE,
VOUS AVEZ DIT MASSAGE ?

Commencez par créer une ambiance propice : baissez les lumières (ou tamisez-les), allumez des bougies, versez quelques gouttes d'huile essentielle pour parfumer la pièce, éteignez vos portables. Avant de toucher votre partenaire, réchauffez vos mains en les passant sous l'eau ou en les frottant l'une contre l'autre. Comme dans un salon de massage, faites-le allonger sur une serviette chaude. Distribuez vos caresses de la façon suivante : beaucoup d'effleurements, malaxage plus intense sur certains secteurs et des frôlements du bout des doigts pour titiller la surface de la peau. Les zones à privilégier : nuque, cuir chevelu, plexus solaire, intérieur des coudes...

Le plus important : laissez vos mains et votre instinct vous guider pour s'attarder là où bon leur semble... Si vous devez parler, chuchotez, murmurez, mais restez dans une ambiance feutrée.

* MINI-LEXIQUE :

Pétrissage ou malaxage : on serre avec le bout des doigts une masse musculaire ; c'est parfait pour les zones charnues, et ça permet d'entrer en mode détente.

Effleurage : doigts tendus, on caresse sans exercer de pression. Pour commencer et pour terminer la séance, c'est très approprié.

Percussion : il s'agit de tapoter doucement avec les mains. Deux façons de procéder : en hachant (mains verticales) ou en battements (poignets fermés). Le dos et les cuisses adorent.

* UNE ZONE À EXPLORER : NUQUE-DOS

Rempli de muscles et de nerfs, cet axe gagne à être détendu ; ça vaut la peine de le chouchouter. Commencez par étirer le cou de votre partenaire : faites comme si vous vouliez l'allonger (sans lui déboîter la tête tant qu'à faire). Faites chauffer un peu d'huile dans le creux de vos mains et massez sa nuque avec la technique du balayage : une main chasse l'autre. Remontez vers les cheveux, descendez vers les épaules. Attaquez-vous ensuite à son dos que vous effleurerez de haut en bas, puis jouez des percussions sur l'ensemble de la zone. Attardez-vous un moment sur ses hanches pour les malaxer. Étirez ensuite doucement les bras de votre partenaire vers le haut et allongez-vous sur lui. Pour finir, reprenez les effleurements plus subtils que jamais et soufflez tout doucement sur sa peau, toujours de la nuque vers les fesses. On vous laisse libre d'inventer la suite...

* COMMENT CHOISIR SON HUILE DE MASSAGE ?

L'extrême fluidité des huiles les rend faciles à appliquer. Elles peuvent être parfumées ou non. À vous de voir si une ambiance hot chocolaté ou mojito est nécessaire ! Évitez quand même les senteurs camphrées ou trop mentholées : on n'est pas à l'infirmerie (sauf si ça fait partie de votre mise en scène et que vous deviez soigner un grand blessé...).

Huile chauffante : rapidement une sensation de chaleur gagnera votre partenaire (en vacances à la neige, près du feu de cheminée, c'est énorme !).

Bougie de massage : c'est la cire de la bougie qui sert d'huile. En prime : une lumière tamisée et un parfum sensuel. Autre bon point : contrairement aux flacons, on peut la transporter sans risquer qu'elle ne coule. Pratique pour emporter en voyage.

Huiles comestibles : comme le nom l'indique, vous pouvez (et devez) laisser traîner votre langue sur le corps de votre partenaire après ou pendant le massage. Champagne, noix de coco, mangue tropicale ou barbe à papa : on en trouve pour tous les goûts ! Peut-être pas paella, remarquez...

Crème de massage : sa texture est plus onctueuse, elle est easy à étaler et le plus souvent gourmande (façon crème soufflée).

LES TRUCS POUR ÊTRE SEXY, **L'AIR DE RIEN...**

* **S'abstenir de soutien-gorge** si et seulement si on a une petite poitrine !
* **Porter des escarpins à talons** (un grand classique mais malgré tout redoutable)
* **Les tops ou pulls en V** (pourquoi pas le choisir une taille au-dessus)
* **Laisser dépasser une jolie bretelle de soutien-gorge** (en liberty ou d'une couleur nude par exemple, en tout cas un motif délicat)
* **On ébouriffe ses cheveux** (l'idée, c'est d'avoir l'air de sortir du lit après un dingo marathon d'amour, ça fait sauvage et ça donne des idées)
* **On colore ses pommettes en rose** (c'est un peu la même idée que précédemment, là il s'agit de montrer qu'on a eu chaud...)
* **On traîne lovée dans la chemise de son homme** (elle est trop grande, donc une épaule s'en échappe et c'est tant mieux !)
* **L'écouter parler et garder la bouche légèrement entrouverte** (allez savoir pourquoi, ils adorent ça !)

BOX-OFFICE DES FANTASMES MASCULINS

1. FAIRE L'AMOUR AVEC DEUX FEMMES

On s'en serait douté… Ça demande pas mal d'ouverture d'esprit, car on touche à quelque chose d'assez tabou avec l'amour à plusieurs. Accepter de partager son homme et de voir une autre femme lui procurer du plaisir, c'est loin d'être évident. Impossible de se forcer pour un tel scénario : soit vous en avez aussi envie et c'est banco, soit c'est niet.

Sur une échelle de 1 (jamais de la vie) à 5 (oh ouiii), je mets :

☆☆☆☆☆

2. AVEC UNE AUTO-STOPPEUSE

Alors là c'est supra-fastoche, car comme il n'est pas question qu'il vous trompe, l'auto-stoppeuse, ce sera vous ! Le matos : un imper et pas trop de choses en dessous (n'attrapez pas une pneumonie non plus), des talons, un make-up sexy et un parfum envoûtant. Marchez lascivement sur le bord de la route, pouce levé, vous ne devriez pas tarder à être embarquée.

Sur une échelle de 1 (jamais de la vie) à 5 (oh ouiii), je mets :

☆☆☆☆☆

3. SHOOTING COQUIN

Vous vous en doutiez, mais le photographe, c'est lui, et le modèle, c'est vous. Poses suggestives, tenue affriolante, exhibition en bonne et due forme, préparez-vous à vous soumettre aux désirs du photographe. Ça peut être fun si vous êtes à l'aise avec votre corps, mais ça risque de paraître difficile pour les timides (à moins que vous ne soyez boostée par le plaisir haletant de celui qui tient l'objectif). Dans tous les cas : utilisez une carte mémoire spécifique (histoire de ne pas mélanger avec les clichés des 80 ans de mémé) et ne la laissez pas traîner.

Sur une échelle de 1 (jamais de la vie) à 5 (oh ouiii), je mets :

☆☆☆☆☆

4. AVEC UNE INFIRMIÈRE, HÔTESSE DE L'AIR…

Que celle qui n'a jamais rêvé d'un beau pompier leur jette la première pierre… Super-easy à réaliser, vous n'avez qu'à dégotter votre déguisement (pour maximiser votre effet, on vous dirait bien d'oublier la culotte). Le reste de la mise en scène est accessible à toutes : « Mais c'est quoi cette grosse bosse ? je crois bien que je vais devoir vous ausculter monsieur… » La variante pour l'hôtesse de l'air : « Monsieur est prêt à traverser la zone de turbulences ? » N'oubliez pas de vous faire promettre qu'il vous rende la pareille et qu'un policier malintentionné vienne vous contrôler d'ici peu…

Sur une échelle de 1 (jamais de la vie) à 5 (oh ouiii), je mets :

☆☆☆☆☆

5. LE RAPPORT DOMINANT/DOMINÉ

Dans la plupart des cas, il voudra que le dominant ce soit lui (bien sûr, ce n'est pas toujours le cas et, heureusement pour les aspirantes dominatrices, il y a des hommes soumis). C'est un fantasme à géométrie variable : habits de soubrette, petite fessée, scénario patron-secrétaire, maître-esclave, menottes, fouet... Là encore, à vous de voir ce qui vous tente et vous paraît faisable. On ne peut en aucun cas se forcer à être flagellée, donc soit vous en avez envie, soit vous lui expliquez clairement et fermement que ça ne vous tente pas du tout.

Sur une échelle de 1 (jamais de la vie) à 5 (oh ouiii), je mets :

☆☆☆☆☆

ET MOI, ET MOI, ET MOI ?
C'EST HOT OU PAS

Faire l'amour avec deux hommes :

- ○ Ça me laisse de marbre
- ○ Ça me chauffe un peu
- ○ Ça me titille beaucoup
- ○ J'en rêve carrément

Embrasser Jude Law :

- ○ Ça me laisse de marbre
- ○ Ça me chauffe un peu
- ○ Ça me titille beaucoup
- ○ J'en rêve carrément

Vous rendre dans un club échangiste :

- ○ Ça me laisse de marbre
- ○ Ça me chauffe un peu
- ○ Ça me titille beaucoup
- ○ J'en rêve carrément

Passer la nuit avec un homme un peu plus âgé :

- ○ Ça me laisse de marbre
- ○ Ça me chauffe un peu
- ○ Ça me titille beaucoup
- ○ J'en rêve carrément

Faire l'amour avec un inconnu :

- ○ Ça me laisse de marbre
- ○ Ça me chauffe un peu
- ○ Ça me titille beaucoup
- ○ J'en rêve carrément

Faire l'amour dans un train :
○ Ça me laisse de marbre ○ Ça me chauffe un peu
○ Ça me titille beaucoup ○ J'en rêve carrément

Qu'il vous fasse un strip-tease :
○ Ça me laisse de marbre ○ Ça me chauffe un peu
○ Ça me titille beaucoup ○ J'en rêve carrément

Posséder une collec' de sex-toys (et les utiliser régulièrement) :
○ Ça me laisse de marbre ○ Ça me chauffe un peu
○ Ça me titille beaucoup ○ J'en rêve carrément

Tenter une expérience avec une fille :
○ Ça me laisse de marbre ○ Ça me chauffe un peu
○ Ça me titille beaucoup ○ J'en rêve carrément

Être attachée, juste pour voir :
○ Ça me laisse de marbre ○ Ça me chauffe un peu
○ Ça me titille beaucoup ○ J'en rêve carrément

La partie de jambes en l'air à plusieurs (des filles et des garçons) :
○ Ça me laisse de marbre ○ Ça me chauffe un peu
○ Ça me titille beaucoup ○ J'en rêve carrément

TOP DES ZONES ÉROGÈNES MASCULINES

* LES TESTICULES

La composition du scrotum (l'enveloppe de peau qui les protège) ressemble à celle des muqueuses et il est blindé de capteurs very sensibles. Cette zone se masse tout en délicatesse et ne supporte pas la moindre brutalité. Attention fragile !

* LES FESSES

Elles contiennent de nombreuses terminaisons nerveuses reliées aux centres nerveux sexuels. On les malaxe, on les pince, on les mordille, on les admire... Et on incite monsieur à les muscler si on les trouve un peu mollassonnes...

* LE PUBIS

C'est un os recouvert de cellules graisseuses, jusqu'ici rien de très excitant... Mais c'est sa proximité avec la verge qui le rend intéressant. Caresser l'homme à cet endroit, c'est lui faire entrevoir que votre main va descendre plus bas, et psychologiquement, c'est juste chaud bouillant !

* LE COU

La peau y est très fine et dépourvue d'amas graisseux, du coup les sensations sont augmentées. C'est aussi une zone de la moelle épinière où partent des filets nerveux reliés à la zone sexuelle. N'hésitez pas à mordiller, embrasser, léchouiller...

* LES MAMELONS

Ils sont dotés de terminaisons sensitives et de récepteurs ultra-sensibles. On les lèche, on les pince doucement, mais on n'insiste pas si le monsieur n'est pas plus emballé que ça. La stimulation des tétons chez les hommes, c'est jackpot ou banqueroute !

* LES CUISSES

Et notamment l'intérieur, car la peau y est plus fine que sur le reste de la jambe. Commencez par caresser la cuisse, puis remontez petit à petit. Prenez garde de ne pas lui provoquer un fou rire (on n'est pas là pour ça !), car la zone est aussi ultra-chatouilleuse !

* LE FREIN

C'est la zone la plus riche en récepteurs sensoriels, c'est le clitoris au masculin (ça vous parle ça, hein !)... Attendez-vous à le voir démarrer au quart de tour ! Cette muqueuse se trouve au bout du pénis, c'est un petit filet de peau tendu entre le gland et le reste du pénis. Rien de tel pour le stimuler que d'utiliser sa langue, mais toujours avec douceur et délicatesse, car la zone est fragile et peut se rompre si elle est brutalisée.

✳ LE GLAND

C'est une muqueuse pourvue de nombreux corpuscules de Krause, des récepteurs qui jouent un rôle important dans la sensation de plaisir. On le stimule avec la pulpe du doigt légèrement humidifiée ou avec la pointe de la langue.

✳ LE PÉNIS

Vous vous en seriez doutée, il contient dans son ensemble de nombreux récepteurs sensoriels et est donc une zone très sensuelle. On l'entoure avec le pouce et l'index (ou à pleine main) et on effectue des mouvements de va-et-vient qu'on accélère au fur et à mesure (mais pas comme une dératée non plus, hein…).

✳ L'ANUS

Son pourtour est très sensible. Un seul mot d'ordre : allez-y gentiment et ne forcez rien, c'est la zone la plus controversée, car pour beaucoup d'hommes, c'est tabou.

Mais chez votre chéri (ou d'autres avant…) vous avez remarqué que ces zones-là pouvaient aussi être touchy :

....

....

Et chez vous, si on veut vous faire décoller, c'est là que ça se passe :

....

....

SE LÂCHER VRAIMENT

Complexes, stress, souci de la performance nous empêchent parfois de lâcher prise au lit, or c'est la clé et même l'unique condition pour atteindre l'orgasme. Contrairement à ce que l'on fait d'habitude dans la vie, quand on fait l'amour, il ne faut plus penser, mais juste s'abandonner et se focaliser sur ce qui nous stimule.

* LES COMPLEXES

Détester ses fesses et se penser comme un monceau de cellulite est un problème très répandu, très féminin et souvent très exagéré… Au lit, ça donne interdiction de certaines positions jugées peu flatteuses, difficultés à se montrer nue et refus de laisser la lumière…

Qu'est-ce qu'on fait : L'important, c'est d'être le moins mal à l'aise possible, donc si vous vous sentez mieux avec une nuisette vaporeuse et préférez rester dans la pénombre : banco ! Rappelez-vous ensuite que l'homme a une vision globale et qu'il ne fera pas attention à vos défauts. Focalisez-vous sur le désir de votre compagnon : si vous l'excitez, c'est bien la preuve qu'il vous trouve très bien telle que vous êtes !

✳ LE CULTE DE LA PERFORMANCE

À force de lire des tirades sur la banalisation de certaines pratiques sexuelles, on se dit que si on ne déroule pas l'intégralité du Kamasutra, il va nous trouver nulle et coincée... En se mettant une pression de dingue pour être un « bon coup », on ne pense qu'à « assurer » et on oublie son propre plaisir !

Qu'est-ce qu'on fait : L'essentiel, c'est de savoir qu'on ne retient pas quelqu'un en faisant des choses que l'on trouve contre nature. Le plus excitant pour votre partenaire, c'est de sentir que vous prenez du plaisir, c'est le meilleur aphrodisiaque !

✳ SE LIBÉRER L'ESPRIT

Quand on a un job stressant ou des soucis perso, ils occupent tout notre cerveau et on est en état de tension. Pas de doute, si la tête est encore au boulot quand le corps est au lit, on peine à se détendre. L'angoisse empêche de déconnecter et donc de se laisser aller...

Qu'est-ce qu'on fait : Concentrez-vous sur vos sensations, sur ce qui vous plaît... Le but : faire monter l'excitation ! Un bon moyen de se stimuler, c'est de penser à un fantasme ou à quelque chose qui vous échauffe (et comme on ne peut penser qu'à une chose à la fois, bye-bye les ennuis et welcome le plaisir !).

✳ PEUR DE PASSER POUR UNE ACTRICE X

La crainte ici, c'est de choquer son partenaire en verbalisant ses désirs, en lui prodiguant certaines caresses ou en lui révélant des secrets érotiques. Du coup, sous la couette, on freine ses initiatives et on bride son imagination... On laisse son homme décider du scénario, alors qu'on aurait aussi des idées...

Qu'est-ce qu'on fait : Laissez traîner un magazine qui parle de sexe et s'en servir pour sonder le fond de sa pensée... « Très instructif cet article sur les lieux insolites pour s'aimer... Qu'est-ce que tu en penses ? » Il y a de fortes chances pour qu'il rebondisse et en profite pour vous dire ce qu'il aimerait que vous fassiez ensemble... Souvent chacun pense que l'autre est bloqué et donc verrouille ses désirs. En parler, c'est arrêter de se gâcher la vie...

✳ LA MAUVAISE EXPÉRIENCE

Il suffit de s'être retrouvée, ne serait-ce qu'une fois, à faire quelque chose dont on n'avait pas envie pour être perturbée par ce souvenir et se montrer craintive. Résultat au lit : on est sur la défensive et complètement tendue.

Qu'est-ce qu'on fait : Évitez de commencer par parler de votre fâcheux souvenir, ça risque de désarçonner votre partenaire. Fuyez ce qui s'en rapproche et essayez de diriger les choses pour l'emmener sur votre terrain à vous. Le but : qu'il vous fasse ce que vous aimez pour que vous puissiez renouer avec le plaisir.

Merci à Sylvain Mimoun, gynécologue, andrologue et psychosomaticien.

5 PLACES TO BE
SUPER TORRIDES

S'aventurer dans certains endroits, c'est l'assurance d'un aller simple pour le septième ciel. Passage en revue des classiques incontournables pour faire grimper la libido.

* ASCENSEUR

Risque d'être surpris, fantasme de l'inconnu avec lequel on est coincé, endroit confiné, pas de doute : l'ascenseur est définitivement hot ! La parade : des vêtements faciles à enlever. Seul moyen d'avoir un peu de répit : appuyez sur le bouton stop...

Vous avez expérimenté le concept :

- ○ Pas encore, mais ça ne saurait tarder...
- ○ Un nombre incalculable de fois !
- ○ Une fois, et c'était bof, bof.
- ○ Jamais, et ça me branche pas trop.

✳ PORCHE D'IMMEUBLE

Scène cinématographique, côté exhibo assumé, irrépressible désir, le hall d'entrée est source de fantasme. La parade : des grands manteaux pour vous dissimuler. Si quelqu'un arrive : montez dans les escaliers pour vous cacher.

Vous avez expérimenté le concept :

- ○ Pas encore, mais ça ne saurait tarder...
- ○ Un nombre incalculable de fois !
- ○ Une fois, et c'était bof, bof.
- ○ Jamais, et ça me branche pas trop.

✳ BUREAU

Une façon de se créer des souvenirs moins ennuyeux que la réunion budgétaire, l'idée de transgression est aussi très excitante. La parade : attendre 19 heures que tout le monde soit parti, surtout si vous bossez en open space !

Vous avez expérimenté le concept :

- ○ Pas encore, mais ça ne saurait tarder...
- ○ Un nombre incalculable de fois !
- ○ Une fois, et c'était bof, bof.
- ○ Jamais, et ça me branche pas trop.

✳ PLAGE

On s'imagine tels des Robinson échoués, il fait chaud, c'est romantique, la plage a tout bon ! La parade : emporter un paréo ou une serviette, histoire d'éviter les grains de sable qui se glissent absolument partout…

Vous avez expérimenté le concept :

○ Pas encore, mais ça ne saurait tarder…
○ Un nombre incalculable de fois !
○ Une fois, et c'était bof, bof.
○ Jamais, et ça me branche pas trop.

✳ LA NATURE

La forêt ou les champs de blé, en pleine mouvance écolo, il n'y a rien de plus sain ! La parade : prenez garde de ne pas vous faire piquer par une bestiole, surtout sur la fesse, ça sera difficilement explicable…

Vous avez expérimenté le concept :

○ Pas encore, mais ça ne saurait tarder…
○ Un nombre incalculable de fois !
○ Une fois, et c'était bof, bof.
○ Jamais, et ça me branche pas trop.

✳ LES MAUVAIS PLANS

Les toilettes (surtout celles des boîtes ou des bars de nuit : plus glauque, tu meurs), une cabine d'essayage (lumière blafarde, cloison fine comme du papier à cigarette, rideau qui ne tient pas en place : l'idée est bonne mais seulement pour les amoureux du risque), au cinéma (vouloir conjuguer septième art et septième ciel part d'une bonne intention, mais à moins de choisir la séance de 11 heures en pleine semaine, ça paraît compliqué...).

DANS LE GENRE PLAN GALÈRE, J'AI TESTÉ :

* ....

* ....

* ....

* ....

* ....

* ....

ÊTRE **À L'ÉCOUTE**

Le bon deal pour une sexualité heureuse et épanouie : écouter ses propres désirs, respecter ses limites mais aussi ceux et celles de son partenaire. Si dans la vie quotidienne, on est tout le temps en train de réfléchir, en matière de sexe, c'est plutôt le contraire. L'important, c'est de ne pas se poser trop de questions, de se débarrasser des normes et idées reçues pour mieux réveiller son propre instinct. Une sexualité heureuse est libre de jugements moraux et se traduit aussi par la capacité d'en parler sans gêne, ni complexes.

Ce sont vos envies et votre excitation qui doivent vous guider au moment crucial. Ça vous tente tous les deux : foncez ! L'un de vous est réticent : ralentissez, patientez. Ce n'est pas parce qu'on dit « non » aujourd'hui qu'on dira « non » pour toujours, il faut aussi laisser mûrir les propositions. On peut parfois changer d'avis, mais pas toujours. On le rabâche, mais ne vous forcez jamais à pratiquer quelque chose dont vous n'avez pas envie (même si vos copines adorent et que votre jules vous affirme que tout le monde le fait). Personne n'a le droit d'exiger de vous une pratique qui ne vous plaît pas et personne ne vaut la peine que vous alliez contre vos désirs. Et puis, si on retenait les hommes qu'on aime en se soumettant à toutes leurs pulsions, et seulement ça, ça se saurait. Naturellement, c'est valable dans l'autre sens : on respecte les limites de son homme, même s'il nous paraît bien prude sur ce coup-là.

TÉMOIGNAGE : C'EST QUOI UNE SEXUALITÉ HEUREUSE ?

* « Ce serait d'être avec une fille qui partage mon imagination débordante, et ma cadence infernale. Pas encore trouvé. »
Maxence

* « C'est faire l'amour quand j'en ai envie. »
Claire

* « Être amoureux, sur la même longueur d'onde, sans tabous et avec de la tendresse. »
Olivia

* « C'est pendant les vacances. Complètement relax, en pleine forme, sans horaires, ni stress. »
Paul

* « Le regard de mon mari qui combine amour et désir. Il me dévore des yeux, et je me sens très désirable. »
Nolwenn

* « Faire l'amour de façon vraiment torride et sans tabous avec un homme fou de moi. »
Anne-Sophie

* « La sexualité du début quand on est tout feu, tout flamme. »
Line

* « Une nana qui n'a pas de migraines. »
Valentin

* « Celle que j'ai avec ma copine : une fille à l'aise avec son corps et son plaisir. »
Thibault

* « Des préliminaires qui durent des heures. »
Flore

* « Un mec qui fait passer ton plaisir avant le sien et qui n'est pas trop pressé. »
Isabelle

* « Une alchimie entre deux personnes, il n'y a pas de bons et mauvais coups, juste une magie entre deux corps. »
Thierry

* « Être avec une fille qui se sent en confiance et qui n'a pas peur de se lâcher. »
Dimitri

* « Être sur le même timing : tous les deux du matin ou tous les deux du soir, ça facilite pas mal les choses. »
Fanny

✳ CONCLUSION

Finalement, ça tient à peu de choses d'être une bombe...
Une fille épanouie, coquette, souriante en est une.
Une fille rigolote, intelligente et bien sapée aussi.
La nana sincère, aux yeux rieurs et toujours partante aussi.

Être à l'aise dans sa vie, s'accepter telle que l'on est, booster ses qualités, prendre le temps de s'amuser, savoir se faire plaisir, et dire ce que l'on pense, c'est à la portée de tout le monde. Une fille bien dans ses pompes, épanouie et pêchue, ça rejaillit sur les autres. Elle irradie de bonheur et tout autour d'elle on veut en récupérer des petits morceaux... Une bombe, c'est peut-être tout simplement une fille happy ! Si vous avez tout suivi, cette fille-là, aujourd'hui c'est vous...

* REMERCIEMENTS

Merci à Aurélie, ma sympathique éditrice, de m'avoir accordé sa confiance. Merci à Audrey pour le suivi impec' de ce livre.

Merci à mes supers cops et potes pour leurs témoignages, anecdotes et surtout pour leur enthousiasme pour ce projet !

Merci à mon amoureux chéri pour son soutien sans failles, ses encouragements quotidiens et ses remarques pertinentes.

Merci à mon bébé d'amour, qui se développait dans mon ventre pendant que j'écrivais ces pages, de m'avoir épargné nausées & Co afin de me laisser plancher sur mon sujet ! Une bombe de bébé !

*patch

Un concentré de conseils utiles et futiles

ENVIE DE DIRE BYE-BYE AU CÉLIBAT ?

Allez hop, on applique le **Patch*** ***pour trouver l'homme de sa vie***. Testé et approuvé par Aude de Galard et Leslie Gogois !

ENVIE D'ÊTRE AU TOP ET DE RAYONNER ?

Allez hop, on applique le **Patch*** ***pour être belle***. Testé et approuvé par Rivka V. Nahmias !

ENVIE DE DIRE BYE-BYE AUX KILOS EN TROP ?

Allez hop, on applique le **Patch*** ***pour être mince.*** Testé et approuvé par Aude de Galard et Leslie Gogois !

ENVIE DE RETROUVER L'ÉQUILIBRE ?

Allez hop, on applique le **Patch*** ***pour garder sa zénitude.*** Testé et approuvé par Fanny Dalbera !

ENVIE D'AVOIR UNE SEXUALITÉ ÉPANOUIE ?

Allez hop, on applique le **Patch*** ***pour dire ouiiii au lit.*** Testé et approuvé par Aude de Galard et Leslie Gogois !

ENVIE DE REPRENDRE VOTRE VIE EN MAIN ?

Allez hop, on applique le **Patch*** ***pour être moi... en mieux !*** Testé et approuvé par Emmanuelle Rodeghiero !

*patch
Un concentré de conseils utiles et futiles

ENVIE QUE LE JOUR J SOIT «LE PLUS BEAU JOUR DE VOTRE VIE»?

Allez hop, on applique le **Patch*** ***pour avoir le plus beau des mariages.*** Testé et approuvé par Harmonie Spahn !

ENVIE D'AVOIR L'ESPRIT ET LE COEUR LÉGERS DANS UN CORPS DE RÊVE?

Allez hop, on applique le **Patch*** ***pour être au top de sa forme.*** Testé et approuvé par Marie François !

ENVIE DE PRENDRE SOIN DE VOUS SANS VOUS PRENDRE LA TÊTE?

Allez hop, on applique le **Patch*** ***pour avoir une santé d'enfer***. Testé et approuvé par Emmanuelle Jumeaucourt !

ENVIE DE PIMENTER VOTRE VIE DE COUPLE ?

Allez hop, on applique le **Patch*** ***pour rebooster son couple.*** Testé et approuvé par Aude de Galard et Leslie Gogois !

ENVIE DE FAIRE DE VOTRE CHEZ-VOUS UN HOME SWEET HOME ?

Allez hop, on applique le **Patch*** ***pour se créer un petit nid douillet.*** Testé et approuvé par Marie François !

ENVIE DE CHANGER DE BOULOT ?

Allez hop, on applique le **Patch*** ***pour trouver le job de ses rêves.*** Testé et approuvé par Fanny Dalbera !

*patch
Un concentré de conseils utiles et futiles

ENVIE D'ÊTRE LA PLUS MALIGNE DES FILLES STYLÉES ?

Allez hop, on applique le **Patch*** ***pour être fashion mais pas victime.*** Testé et approuvé par Caroline de Surany !

ENVIE DE FAIRE DÉCOLLER VOTRE VIE DE COUPLE ?

Allez hop, on applique le **Patch*** ***pour réussir ses SEXercices.*** Testé et approuvé par Aude de Galard et Leslie Gogois !

ENVIE DE METTRE BELLE-MAMAN DANS VOTRE POCHE ?

Allez hop, on applique le **Patch*** ***pour dompter belle-maman.*** Testé et approuvé par Lucie Paris-Legret !

ISBN : 978-2-7540-2380-1
Dépôt légal : avril 2011
Imprimé en France par l'imprimerie Hérissey à Évreux (Eure)
Direction éditoriale : Aurélie Starckmann
Édition : Audrey Bernard
Mise en page : NPEG.FR
Illustrations : Diglee

Éditions First-Gründ
60, rue Mazarine
75006 Paris – France
Tél. : 01 45 49 60 00
Fax : 01 45 49 60 01
e-mail : firstinfo@efirst.com

www.editionsfirst.fr